女性の階級

橋本健二
Hashimoto Kenji

PHP新書

はじめに　女たちと格差のやっかいな関係

「格差社会」という言葉は、現代日本を象徴する言葉として、すっかり定着した。高度経済成長後の一時期は「一億総中流」などといわれ、日本は世界でもまれにみる平等な社会であるかのように語られることも少なくなかった。しかし今日では、日本が格差の大きい社会であること、世界的にみても格差の大きい方の社会であることが、広く知られるようになっている。

しかし「格差」という言葉を目にしたとき、私たちはとかく、男たちの間の格差を思い浮かべがちである。たとえば、グローバル大企業の経営者やIT企業の創業者と、コンビニや飲食店でフリーターとして働く単身男性、というように。あるいは株式の売買や配当で大儲けしている資産家と、年金だけでは生活できないので施設や工場の作業員などとして働く高齢男性、というように。女たちの身になって考える習慣のない男たちは、とくにそうだろう。

なぜ、男たちの間の格差がまっさきに思い浮かぶのか。それは女たちの間の格差に比べると、男たちの間の格差の方が単純明快でイメージしやすいからである。というのも、男たちの間の格差は、もっぱら本人の所属する階級によって決定されていて、それ以外の要素はあまり関与しないからである。ここで階級というのは、経済的地位の違いによっていくつかに区別される、人々の集群のことである。一般には次の四つの階級が区別されることが多い。

資本家階級　経営者・役員など、事業を営んで人を雇う立場にある人々である。創業社長や中小企業のオーナーのように、会社を文字通り所有している場合と、経営者の地位にあるために会社を支配する権限をもっている場合とがある。資本主義社会における支配的な階級である。

労働者階級　資本家階級に雇われて現場で働く人々であり、資本主義社会における被支配階級である。ただし、正規雇用の労働者と非正規雇用の労働者の間にはきわめて大きな格差があり、しかも今日では、非正規雇用の労働者の規模が非常に大きくなっている。このため、両者を別の階級とみなす方が適切ではないかという考え方もある。ただし非正規労働者といっても、夫が主な家計の支え手となっている女性で、家計を補助するために限定的に働いている、いわゆるパート主婦と、それ以外の非正規労働者では事情が大いに異なる。そこで本書では、有配偶女性の非正規労働者をパート主婦、それ以外の非正規労働者をアンダークラス[1]と呼んで区別することにする。

旧中間階級　資本家階級と同様に自分で事業を営んでいるが、規模が小さいため、労働者階級と同じように自ら現場で働く人々である。商工農業などを営む自営業者がこれにあたる。資本家階級と労働者階級の性質を併せもっている中間的な階級だが、資本主義が成立する以前の古い時代から存在する階級なので、旧中間階級と呼ばれる。

新中間階級　労働者階級と同様に資本家階級に雇われているが、管理職や専門職などの立場から労働者を管理したり、事業の運営や設計などを行う人々である。これらの仕事はもともと資本家階級が自ら行っていたのだが、企業の規模が大きくなるにしたがって、こうした人々が代行するようになった。資本家階級と労働者階級の中間に位置する中間的な階級だが、資本主義の発展とともに新しく生まれてきた階級なので、新中間階級と呼ばれる。

実際に統計やデータから階級間の格差や違いについて分析するためには、ある個人がどの階級に所属しているかを判定する手続きが必要になる。本書では、次のような手続きによって、所属階級を判定することとする。

資本家階級　企業規模が従業員数五人以上の経営者・役員、自営業者・家族従業者

新中間階級　専門・管理・事務に従事する被雇用者（事務では女性と非正規を除外）

労働者階級　専門・管理・事務以外に従事する被雇用者（事務では女性と非正規を含める）
正規労働者階級　労働者階級のうち正規雇用者
非正規労働者階級　労働者階級のうち非正規雇用者
アンダークラス　有配偶女性以外の非正規労働者
パート主婦　有配偶女性の非正規労働者
旧中間階級　企業規模が従業員数四人以下の経営者・役員、自営業者・家族従業者

ここで、経営者・役員と自営業者・家族従業者について、企業規模が五人以上の場合に資本家階級、四人以下の場合に旧中間階級と分類するのは、企業を対象とする多くの統計調査が調査対象を企業規模五人以上としているなど、一般に「企業」というものの通念が五人以上の事業体を指していること、またデータからも、これを境に経営者や自営業者の収入や生活実態が大きく変化することが確かめられるからである。

また正規雇用の事務職を、男性の場合は新中間階級、女性の場合は労働者階級に含めているが、その理由は、事務職が単純な事務作業を行う人々から、管理職に連なるキャリアをもつ管理的な業務の担い手までを含んでおり、日本の現状では女性事務職の大部分が前者、男

性事務職の大部分が後者に含まれると考えられるからである。この点については、マルクス主義フェミニズムの理論家たちや、ジェンダーに注目する階級研究者たちによる、長年の議論の積み重ねがある。これについては、第2章を参照していただきたい。

ちなみに、階級とよく似た意味の階層という用語もあるが、こちらは経済的地位というよりは主に職業の違いに注目し、人々を専門職、管理職、事務職、販売職、サービス職、マニュアル職、農林漁業職などと区別するものである。

しかし所属階級のもつ意味は、実は男性と女性でかなり異なっている。

先述したように男性の間の格差は、もっぱら本人の所属する階級によって決定される。なぜならほとんどの男性は、その生涯の大部分にわたって職業をもち続け、したがっていずれかの階級に所属し続けるからである。その所属階級は、資産の量や年金の額にも影響するから、引退後の生活をも決定づける。だから男性は生涯にわたって、自分の所属階級に影響され続ける。もちろん、各階級の内部にもいろいろな違いや格差があるから、くっきり四種類に分かれるというものではないが、四種類の所属階級は、男性の人生を強く枠づけるということができる。

これに対して女性の間の格差は、男性の間の格差よりもはるかに複雑である。もちろん女性の間の格差も、本人の所属階級によって決定されてはいる。しかし、それ以外にも重要な要因が三つある。

まず第一の要因は、職業に就いているかどうかである。多くの女性は、結婚や出産を機に退職して無職になる。無職の女性には所属階級がなく、したがって収入源がない。ここから有職女性との格差が生まれる。ほとんどが生涯にわたって働き続ける男性の間には、基本的にはこのような格差が存在しない。

第二の要因は、配偶者の有無である。一般に男性の場合、結婚によってその所属階級が大きく変化することはない。これに対して女性は、結婚または出産の前後で所属階級が大きく変化することが多い。というのは、仕事を辞めて所属階級を失ったり、あるいは正規雇用から非正規雇用に移行するなどして、より収入の少ない階級に移動することが多いからである。反面、日本では女性の賃金が男性より大幅に低いことが多いから、結婚して夫をもてば、経済的に豊かになれる可能性もある。

そして第三の要因は、配偶者がどの階級に所属しているかである。日本の現状では、結婚後の女性が、高く安定した収入を得ることができる可能性は大きくない。だから夫の収入が重要になるのだが、その収入には所属階級による格差がある。こうして女性の間には、夫の所属階級による格差が生まれる。

以上をまとめておこう。男たちの間の格差は、基本的に本人の所属階級によって決まる。それ以外の要因は、副次的な意味をもつに過ぎない。これに対して女たちの間の格差は、次の三つの要因によって決定される。本人の職業の有無と職業がある場合の所属階級、配偶者の有無、そして配偶者の所属階級である。

図式化すれば、図表0・1のようになる。ちなみに資本家階級、新中間階級、正規労働者階級、非正規労働者階級の四つは資本主義経済を構成する企業の世界、つまり資本主義セクターで働く人々であり、この順番に序列づけられているが、旧中間階級はここからひとまず独立していて、前者の序列とは関係ない。しかし便宜上、この順番で記しておくことにする。

男たちは、本人の所属階級によって五つのグループに分かれる。これが男たちの間の格差の基本構造である。

これに対して女たちは、本人の職業の有無と所属階級によって六つのグループに分かれた上で、夫の有無と夫がいる場合のその所属階級によって、さらに五つに分かれる。非正規労働者階級は、夫がいる場合はパート主婦、いない場合はアンダークラスである。夫の所属階級だが、男性アンダークラスは貧困のため結婚することが困難で、大部分が未婚である。し

男たちの格差と女たちの格差の構造

女

本人の職業の有無と所属階級による格差 ＼ 夫の有無と夫の所属階級による格差	資本家階級	新中間階級	労働者階級	旧中間階級	無配偶
資本家階級					
新中間階級					
正規労働者階級					
非正規労働者階級(アンダークラスとパート主婦)					
旧中間階級					
無職					

たがって、夫がアンダークラスという女性はきわめて少ない。区別しても分析が困難なので、アンダークラスの夫は労働者階級から区別しないこととする。こうして女たちは六×五＝三〇のグループに分かれる。これが女たちの間の格差の構造である。

当然ながら、この図式はさまざまな単純化を含んでいる。男性にも少数ながら、長期にわたって無職の人はいる。妻の収入が夫と同等以上のカップルも、いないわけではない。しかし、男たちの間の格差と女たちの間の格差の構造が、本質的に異なることは理解していただけるかと思う。この図式についての詳しい説明は、第2章で行うことにする。

もちろん、このように男性と女性で格差の構造が違うのは、男性と女性の間に大きな格差があるからであり、男女間の格差がなくなれば違いもなくなるはずで

図表0・1

男

本人の所属階級による格差
資本家階級
新中間階級
正規労働者階級
非正規労働者階級（アンダークラス）
旧中間階級

ある。しかし少なくとも現在の日本では、男性と女性の間に大きな格差がある。だから配偶者の有無とその所属階級は、とくに女性にとって重要な意味をもつのである。

本書の以下の構成について、簡単にまとめておこう。

第1章では、日本が「格差社会」と呼ばれるようになった経緯、つまりこれまでの格差拡大のようすを振り返るとともに、こうした格差拡大のなかで、男性と女性の間の格差、そして男性と女性それぞれの内部の格差が、どのように変化してきたかについて検討する。ここから明らかになるのは、「一億総中流」と呼ばれた時代にも男性と女性の間には大きな格差があったということ、そして男性内部の格差よりも女性内部の格差の方がはるかに大きいという事実である。

第2章では、こうした女性内部の格差を理解するために必要な、理論的な検討を行う。男性と女性の間に格差があり、しかも男性と女性で格差の構造が大きく異なるということは、現代社会にはジェンダーによる格差と階級による格差が併存しており、しかも相互に絡み合っているということを意味する。実はこの問題については、一九七〇年代から九〇年代にかけて、マルクス主義フェミニズムと呼ばれる理論的潮流に属する人々が、さまざまな検討を行っていた。今日ではほとんど忘れ去られているが、現代日本における格差、とりわけ女性の間の格差を理解するためには、その成果を継承する必要がある。この章では、マルクス主義フェミニズムがジェンダーと階級の関係をどのようにとらえていたかを振り返り、女性内部の格差を分析する方法を考えることにする。

第3章では、現代日本における女性内部の格差の構造について詳細に検討する。その基本構造は図表0・1に示した通りである。だが実際には、本人が資本家階級で夫が新中間階級または労働者階級というケースや、本人がパート主婦で夫が資本家階級というケースなどは、きわめて少数で分析が困難である。また配偶者がいない有職女性の場合、本人に未婚の子どもがいる人といない人、つまりシングルマザーとそれ以外で、大きな違いが生じる。このため人数が極端に少ない一三グループを除外して一七グループとした上で、配偶者のいない新中間階級、正規労働者階級、アンダークラスをシングルマザーとそれ以外に分けた二〇グループについて、基本的な特徴を明らかにする。

第4章では、第2章で特定された二〇のグループを、本人と夫の所属階級にもとづいて資本家階級、新中間階級、労働者階級、アンダークラス、旧中間階級、無職の無配偶者の六つのグループに大別した上で、詳細に検討していく。ここから明らかになるのは、一見するとあまりにも多様な現代日本の女性たちの姿を、先に述べた三つの要因を考慮することによって、鮮明に描くことができるということである。

第5章では、とくに多くの問題を抱える階級であるアンダークラスを取り上げる。従来の多くの研究では、主に若年の非正規労働者、いわゆるフリーターが取り上げられ、女性は男性よりフリーターになりやすいことが明らかにされてきた。それではどのような女性がフリーターになりやすいのか。さらに若年以外でアンダークラスになりやすいのはどのような女性なのか。この問題について、出身階層や学歴、子どものころの生育環境など、多くの要因を取り上げて検討する。

第6章では、新型コロナ感染症の蔓延が、女性たちに及ぼした影響について検討する。新型コロナは、とくに非正規労働者と旧中間階級に深刻な打撃を与えた。しかし詳細に検討すると、とくに大きな打撃を受けたのは女性たちだったことが明らかになる。コロナ・パンデミックが女性たちに及ぼした影響について、感染の有無、仕事の変化、収入と余暇生活の変化などの側面から、データにもとづいてみていくことにする。

第7章では、以上のような検討をふまえて、格差を縮小し、貧困を解消するためには何が必要なのかについて考えることにする。格差拡大は、日本の社会に深刻な問題を数多く生み出している。日本の将来を明るいものにするためには、格差の大幅な縮小が必要である。しかしその実現のためには、階級格差の縮小とジェンダー格差の解消に積極的な女性たちの力がどうしても必要である。日本を救うのは、女性たちなのである。

ここで、本書で用いる二つの調査データについて、簡単に紹介しておこう。

ひとつはSSM調査データである。この調査は正式名称を「社会階層と社会移動に関する全国調査」といい、階級・階層研究を専門とする社会学者の研究グループにより、一九五五年から一〇年ごとに行われている。サンプルは日本全国から多段階無作為抽出法によって選ばれ、訪問面接法または訪問面接法と留置調査法の併用によって実施されている。最新の調査は二〇一五年に実施されたが、その有効回収数は七八一七人だった。データの使用にあたっては二〇一五年SSM調査データ管理委員会の許可を得た。なおSSM調査は、一九五五年から七五年まで男性のみを対象としており、八五年になってはじめて女性が調査対象に加えられた。このため本書で用いるのは一九八五年以降のデータであり、主に最新の二〇一五年のデータを用いている。調査対象者の年齢は、二〇〇五年までが二〇歳から六九歳、二〇一五年が二〇歳から七九歳である。

SSM調査データは、現代日本の格差について分析するためのデータとしてはもっとも信頼できるデータであり、きわめて利用価値が大きい。しかし二〇一五年のデータなので、最新の状況を知ることはできない。このため、コロナ・パンデミックの影響など、最新の状況について分析するためには、「二〇二二年三大都市圏調査」から得られたデータを用いる。この調査は私を中心とする研究グループによって実施された調査であり、調査対象は東京駅から半径六〇㎞圏内、名古屋駅から半径四〇㎞圏内、大阪駅から半径五〇㎞圏内に位置する市区町村に住む二〇—六九歳の住民であり、インターネット調査の方法で実施された。有効回収数は東京圏二万六〇〇一人、名古屋圏六二一八人、京阪神圏一万一六〇一人の合計四万三八二〇人だった。

1 「アンダークラス」は、もともとグンナー・ミュルダールという経済学者が使い始めた用語で、のちに英米圏の大都市部に住む、少数民族やシングルマザーを中心とする貧困層を指す言葉として広まった。しかし近年、先進国の多くで経済格差が拡大するなか、民族や性別などにかかわらず貧困層が増加したため、資本主義社会に共通してみられる下層階級を指す言葉として使われるようになっている。この点について詳細は、拙著『アンダークラス』を参照されたい。

女性の階級　●目次

第3章

女たちの経済格差

第4章 階級社会の女たち

第7章 格差と闘う女たちが世界を救う

第1章

格差社会と女たち

1 「格差社会」と男女の格差

高度経済成長期に縮小した格差

一九四五年の敗戦のあと、狭い国土に膨大な人口を抱えた貧困国として再出発した日本は、戦後復興、高度経済成長を経て豊かな社会となり、一時期は「一億総中流」などといわれた。しかし、その後まもなく格差拡大の時代を迎え、今日では「格差社会」という評価がすっかり定着している。

ここへたどり着くまでの日本社会の道のりを、経済的な格差に注目して振り返ってみよう。図表1・1は、一九五〇年から二〇二〇年までの間の、経済格差の趨勢《すうせい》をみたものである。指標は、全体的な所得格差の大きさを示すジニ係数、規模別賃金格差、産業別賃金格差、男女間賃金格差である。賃金はいずれも常用労働者のもので、その大半は正規雇用である。ジニ係数は格差が最大のときに一、まったく格差がないときにゼロの値をとる係数で、給与所得、事業所得などの合計を示す当初所得から算出したものと、ここから税金を引かれ、対象者には社会保障給付が行われたあとの再分配所得から算出したものの二つがある。

図表１・１　戦後日本における格差のメガトレンド

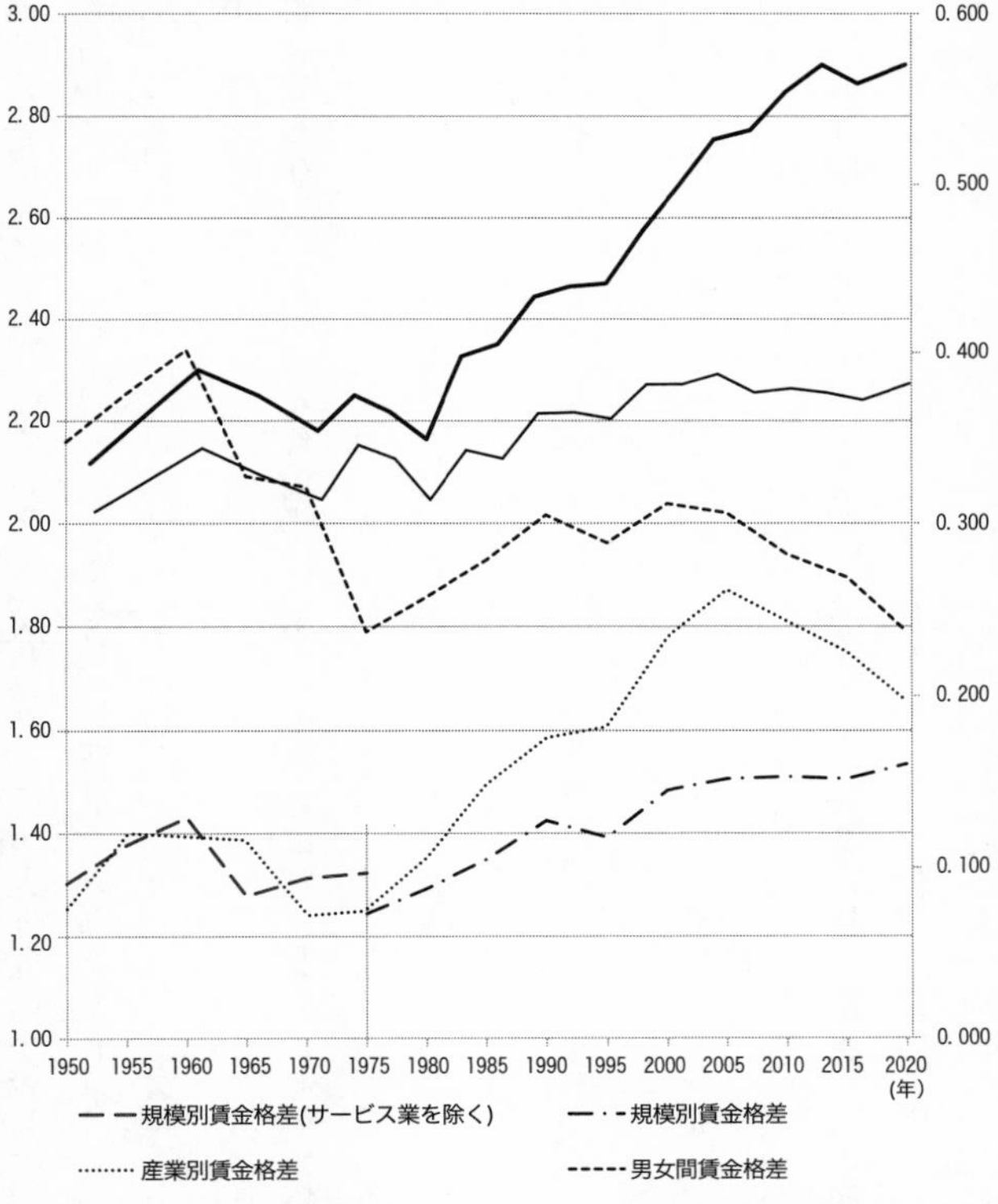

出典）

ジニ係数は「所得再分配調査」(1952年は社会医療及び所得再配分調査)による。

規模別賃金格差は、500人以上と30-99人の比。1970年まではサービス業を除く。1971－1982年は製造業のみ。対象は常用労働者。原資料は「毎月勤労統計調査」。

産業別賃金格差は卸売小売業と金融保険業の比。すべての時期で金融保険業の賃金は卸売小売業を上回り、また1970年以降は、全産業中で金融保険業が最高、卸売小売業が最低となっている。対象は30人以上の常用労働者。原資料は「毎月勤労統計調査」。

男女間賃金格差は、それぞれの月間給与総額の年平均の比。対象は30人以上の常用労働者。原資料は「毎月勤労統計調査」

規模別賃金格差は、五〇〇人以上の大企業と三〇—九九人の小企業の比だが、途中で統計の取り方が変わったため、一九七五年を境に二種類の数値を示している。産業別賃金格差は、大部分の期間で賃金が最高の金融保険業と卸売小売業の比、男女間賃金格差は、男性と女性の比である。

終戦間もない一九五〇年代前半は、男女間格差は別として、全体に格差が小さかった。戦争によって多くの富が失われ、大多数の人々が等しく貧しくなっていた上に、農地改革など格差を縮小する政策が実行され、急速に広がった労働組合運動によって賃金格差も縮小したからである。しかし一九五〇年代後半に入り戦後復興が進むにつれて、格差は拡大していく。戦後復興が大都市と大企業で先行して進み、地方と中小企業が取り残されたからである。

しかし一九六〇年ごろから始まって一九七〇年代半ばまで続く高度経済成長期には、格差が縮小した。当初所得のジニ係数は、一九六一年には〇・三九〇だったが、一九八〇年には〇・三四九にまで低下する。規模別賃金格差、産業別賃金格差、男女間賃金格差も大幅に縮小している。「一億総中流」のイメージが形成され始めた時代である。

ところが格差は、一九八〇年あたりを境に急速に拡大を始める。とくに当初所得のジニ係数の上昇はすさまじく、二〇二〇年には〇・五七〇にも達している。再分配所得のジニ係数は、高所得者ほど高い税率で所得税が徴収され、貧困層や高齢者に社会保障給付が行われたあとの格差を示すものだから、当初所得のジニ係数より小さく、また相対的に安定しているが、それでも一九八〇年の〇・三一四から上昇を続け、二〇〇四年には〇・三八七に達した。その後はわずかに低下したが、二〇二〇年には〇・三八二へ回復している。規模別賃金格差と産業別賃金格差も、二〇〇〇年代半ばまで拡大を続けた。産業別賃金格差は近年、縮小傾向にあるが、高度経済成長期に比べれば、まだまだ格差は大きい。男女間賃金格差は二〇〇〇年以降は縮小傾向にあるが、むしろ一九八六年に男女雇用機会均等法が施行されたにもかかわらず、その後二〇〇〇年まで拡大を続けたことに注目すべきだろう。

男女間賃金格差は一貫して大きい

ここで確認しておきたいことが二つある。第一に、格差拡大が始まったのは一九八〇年ごろであり、その後、少なくとも三〇年以上にわたって格差拡大が続いたということである。格差拡大が社会的な注目を集め始め、「格差社会」が流行語になったのは二〇〇六年のことだが、このとき格差拡大はすでに約二五年も続いており、その間、完全に放置されていたのである。このことが、今日の日本にさまざまな問題を生み出している。

第二に確認したいのは、戦後七〇年間にわたり一貫して、男女間の賃金格差は規模別賃金格差や産業別賃金格差より大きかったということである。日本の産業には二重構造があり、大企業と中小企業の間に大きな格差があるというのは、誰でも知っている常識である。また産業分野の間には賃金格差があり、金融保険業の賃金が高く、小売業の賃金が低いというのも、広く知られた事実である。

しかし実際には、男女間賃金格差は一九八〇年ごろまで一・八倍から二・三倍にも達しており、一・二倍から一・四倍程度にとどまる規模別賃金格差や産業別賃金格差よりはるかに大きかった。そしてその後、規模別賃金格差や産業別賃金格差が急速に拡大していくものの、男女の平等が少なくとも表向きは当然のこととされるようになった今日でも、依然として男女間賃金格差の方がかなり大きい。つまり男性と女性の間の格差という観点からみれば、日本は昔から一貫して格差社会だったのである。

しかも男性と女性の間の格差は、現実にはこのグラフに示されているよりも、はるかに大きい。なぜなら、ここに示されている賃金格差はあくまでも常用労働者の賃金格差であり、それ以外にも低賃金の女性非正規労働者、無給の家族従業者として家業の自営業に従事する

図表1・2　個人年収の男女間格差の推移（全体平均＝1）

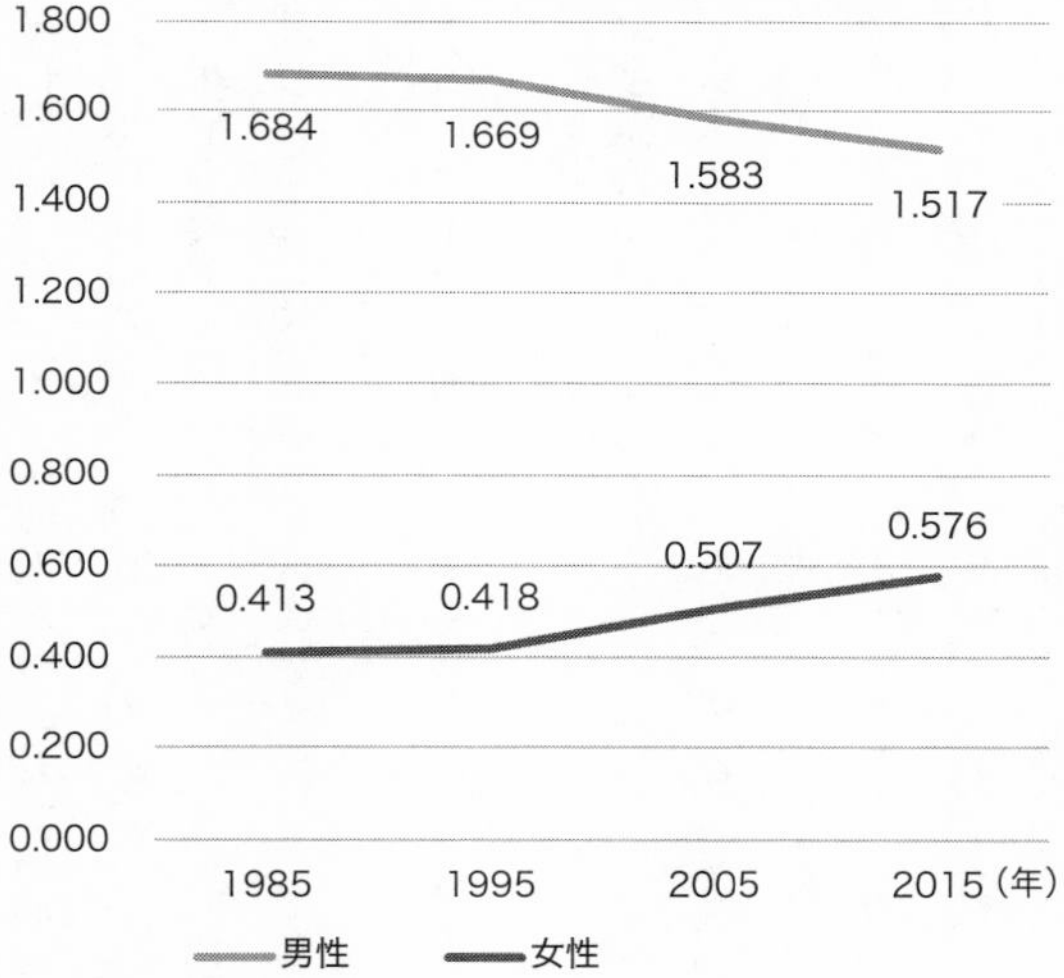

注）SSM 調査データより算出。20－69歳。

女性たち、そして無職の女性たちがいるからである。

図表1・2は、働いているかいないか、またどのような形で働いているかを問わず、二〇歳から六九歳までのすべての男性と女性を対象に、個人年収の格差の推移を示したものである。全体平均を1としたときの男性、女性それぞれの年収は、一九八五年で一・六八四と〇・四一三、二〇一五年では一・五一七と〇・五七六である。格差は縮小傾向にはあるものの、二〇一五年時点でも男性の年収は女性の二・六三倍に達している。

このように男性と女性の間の格差に

注目すれば、格差社会という言葉が使われるようになるはるか以前から、日本は紛れもない格差社会だった。すでに何人かの論者が指摘していることだが[2]、二〇〇〇年代に入ってから格差拡大が注目されるようになったのは、男性の間の格差が拡大し、とくに学校を出たあとに正規雇用の職を得ることができず非正規雇用のフリーターとなり、貧困に陥る若い男性が増加したことによる部分が大きい。

2　女性は働き続けることができるようになったか

M字型カーブのからくり

図表1・2でみたように近年、男性と女性の間の個人年収の格差は縮小傾向にある。その原因の多くは、依然として大きいとはいえ賃金の格差が縮小してきたことに加え、職業をもつ女性の比率が上昇し、収入がまったくない女性が減少したことにある。以前に比べて、女性が家の外で仕事をもって働くのが容易になったのは事実だろう。しかしこのことは必ずしも、結婚・出産を経てもなお就業を継続する女性が増えたということを意味するわけではない。しばしば誤解されるのだが、就業を継続する女性はまだまだ少ないのである。

図表1・3　女性の年齢別労働力率の推移

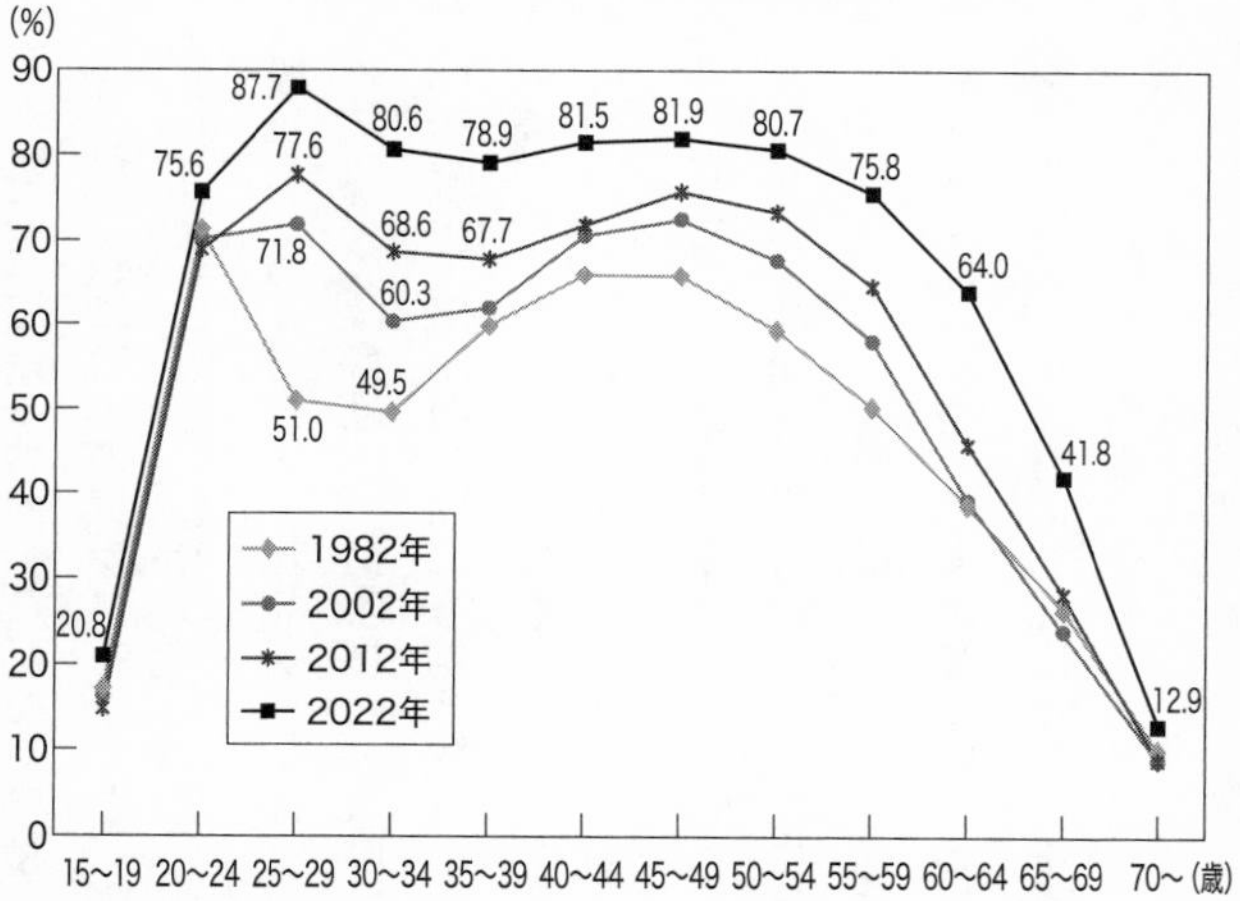

備考）1. 総務省「労働力調査（基本集計）」より作成。
2. 労働力率は、「労働力人口（就業者＋完全失業者）」／「15歳以上人口」×100。
注）「男女共同参画白書（2023年）」より。

図表1・3のようなグラフをみたことのある人も多いだろう。横軸に年齢、縦軸に女性の労働力率をとったグラフで、一般にはM字型カーブと呼ばれることが多い。まず一九八二年のグラフを確認しよう。労働力率は、多くの人が学校を卒業する二〇歳代前半には七割程度に達するが、その後は急落して三〇歳代前半には四九・五％となる。その後、子育てが一段落して再就職する女性たちが一定数いるため、労働力率は四〇歳代で六〇％台半ばまで回復するが、五〇歳以降になると緩やかに低下していく。グラフの形がアルファ

ベットのMに似ているので、これをM字型カーブというのである。

ところが二〇二二年のグラフをみると、労働力率は二〇歳代後半に八七・七％とピークを迎えたあと低下し始めるものの、底に達する三〇歳代後半でも七八・九％と八割近くをキープしている。カーブの真ん中の谷間がずいぶん浅くなり、ピークとの差はわずか八・八％で、グラフの形はもはや「M字型」とは呼びにくくなっている。それでは今日では、大部分の女性が結婚・出産の時期にも働き続けるようになり、退職する女性が一割以下になったということだろうか。そうではない。

M字型の谷間が浅くなった主要な原因は、女性のライフコースが多様化したことである。一九八二年からの四〇年間で、女性のライフコースは大きく変化した。一九八二年の当時は、大部分の女性が二〇歳代の半ばまでに結婚し、まもなく出産を経験した。そして出産までの間に、多くの女性が退職した。だから二〇歳代後半に労働力率が急落したのである。ところが今日では、結婚年齢も出産年齢も多様化している。このため結婚・出産の退職のタイミングが前後に幅広くばらけてしまい、年齢別にみた場合には労働力率の低下が目立たなくなってしまったのである。

結婚・出産で離職する人はまだ多い

このことは、図表１・４のグラフをみれば一目瞭然である。これはＳＳＭ調査データから、結婚・出産前後の女性の就業率をみたものである。横軸には年齢ではなく、結婚二年前、結婚一年後、長子出産一年後、末子出産一年後、末子出産六年後をとり、それぞれの時点での就業率を計算してグラフ化している。子どもが一人だけの場合、長子と末子は同じ子どもである。ＳＳＭ調査では、結婚したときの年齢と子どもの年齢、そしてこれまでに就いたことのある職業のすべてについて仕事の内容と就いていた期間を尋ねているため、このような集計ができるのである。そして時代による変化をみるため、女性たちを出生年ごとに五つのグループに分け、それぞれについてグラフを示しておいた。

たしかに働く女性の比率は増えている。一九七五―八四年生まれの女性たちの結婚二年前の就業率は八七・九％で、一九三五―四四年生まれの女性たち（七八・三％）より一〇％近くも高くなっている。しかし就業率は、結婚一年後には四九・〇％にまで急落してしまう。一九三五―四四年生まれの三八・二％に比べれば高いといえるが、それでも五割を切っている。そして長子出産一年後になると、就業率は三三・六％にまで低下する。この比率は一九三五―四四年生まれの三五・三％より低く、比率がもっとも低かった一九五五―六四年生ま

図表1・4　結婚・出産前後の女性の就業率（出生コーホート別）

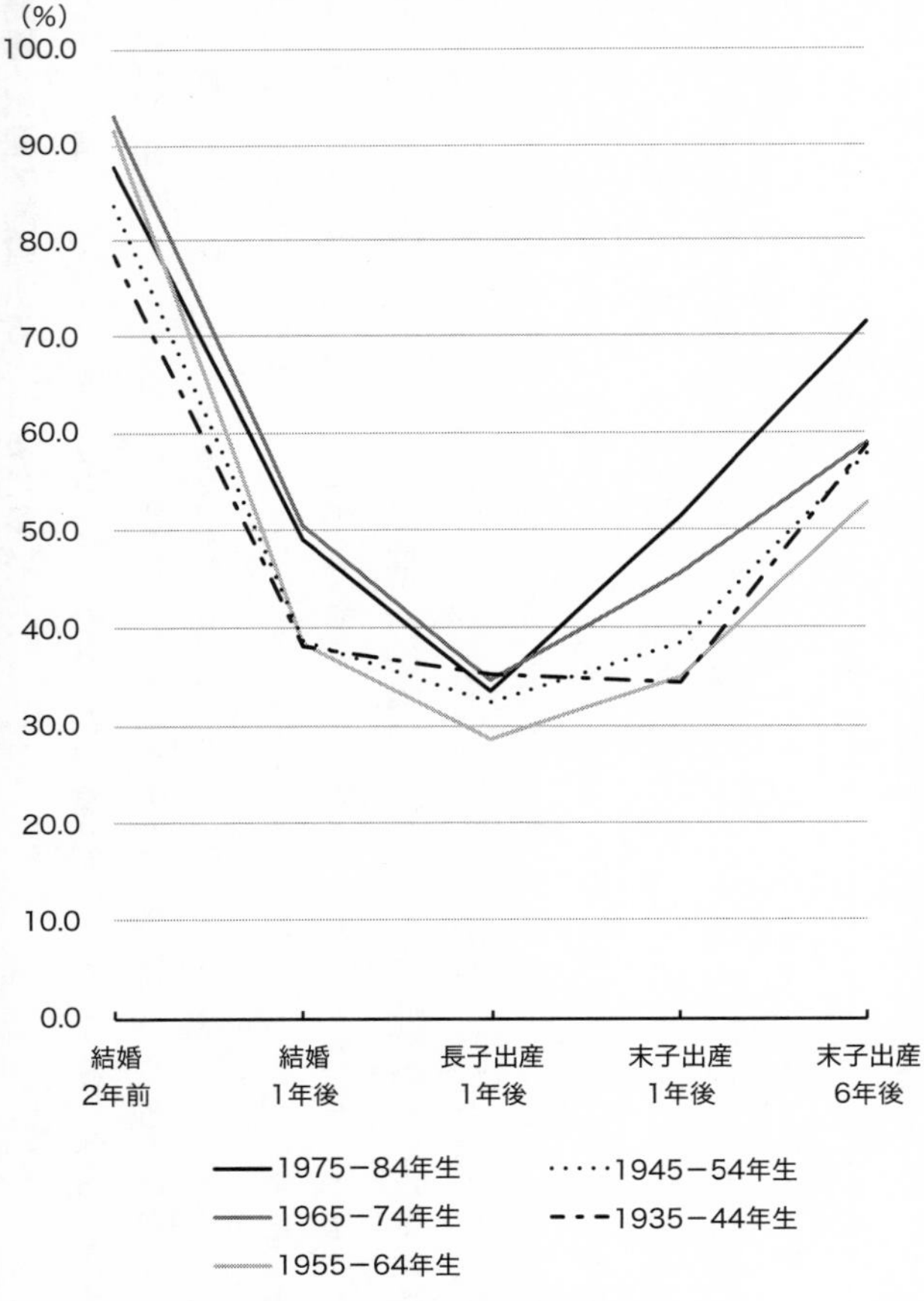

注）2015年SSM調査データより算出。就業率には失業者を含まない。

れの二八・七％と比べても大差がない。大半の女性たちが、出産時までに仕事を辞めていることがわかる。

このように、就業率を年齢別にみるのではなく、結婚・出産の時点を基準にしてみれば、日本の女性たちが依然として、結婚・出産の時期に就業を継続するのが難しい状況に置かれていることがわかる。国立社会保障・人口問題研究所の「出生動向基本調査」の結果をみると、二〇一〇年以降に出産した女性では育児休業制度を利用して就業継続する人が増えているようだが、それでも妊娠前から無職の女性が二割前後、出産退職した女性が三割前後いて、まだまだ就業継続が容易でないことは明らかである。就業継続が難しいから、あいかわらず多くの女性たちが、結婚・出産を機に退職し、子育てが一段落したあとで再就職しているのである。しかし再就職の場合、正規雇用の職に就くことは難しいから、多くの女性たちは低賃金の非正規労働者となる。これでは働く女性の比率が高くなっても、男女間の格差は大きくは縮小しない。

図表1・5　男女別の階級構成

	男女計	男性	女性
資本家階級	3.5%	4.5%	2.1%
新中間階級	22.8%	27.1%	17.3%
労働者階級	61.9%	54.3%	71.6%
うち正規労働者階級	34.5%	39.6%	28.1%
うちアンダークラス	14.4%	14.7%	14.0%
うちパート主婦	13.0%	−	29.5%
旧中間階級	11.8%	14.1%	9.0%
合計	100.0%	100.0%	100.0%

出典）2017年就業構造基本調査より算出。

3　階級間格差と男女格差

非正規雇用の割合が高い女性

ここまで、男女間の格差が非常に大きいことを確認してきた。それではこの格差は、階級間の格差とはどういう関係にあるだろうか。階級間には、収入の格差がある。したがって男女間に格差が生じるのは、男性が収入の多い階級、女性が収入の少ない階級に集中しているからかもしれない。しかし経験的には、同じ階級どうしを比較しても、男性の収入は明らかに女性より多い。実際には、どれくらいの格差があるのだろうか。

まず階級構成、つまり各階級の構成比を男女別に確認しよう（図表1・5）。男女を合計すると、労働者階級が六一・九％ともっとも多く、新中間階級が二二・八％で続

図表1・6　階級別・男女別にみた個人年収

	男女計	男性	女性	男女比
資本家階級	604.4	780.5	295.7	2.64
新中間階級	499.2	596.4	338.1	1.76
労働者階級				
正規労働者階級	369.8	421.2	292.9	1.44
アンダークラス	186.5	213.0	163.9	1.30
旧中間階級	302.9	383.9	174.5	2.20

出典）2015年SSM調査データより算出。20－79歳。ただしアンダークラスは59歳以下。

き、旧中間階級は一一・八％、資本家階級は三・五％となっている。男女別にみると、資本家階級の比率は男性が四・五％と女性の約二倍となっており、新中間階級と旧中間階級の比率も男性の方が高い。これに対して労働者階級の比率は、女性が七一・六％で、男性より一七％ほど高くなっている。また労働者階級の内訳をみると、男性では全体の七割以上が正規労働者階級であるのに対し、女性では正規雇用が四割以下で、非正規雇用、とくに既婚女性のいわゆるパート主婦が多くなっている。

図表1・6は、個人年収を階級別・男女別にみたものである。ただし非正規労働者階級については、労働時間が短いことが多いパート主婦を除外して、アンダークラスの個人年収のみを示している。またアンダークラスについては、六〇歳以上を含めると大企業の管理職を経験したあとの嘱託など、恵まれた待遇の人々が含まれるため、五九歳以下に限定している。ま

ず、男女を合計した個人年収に注目しよう。もっとも年収が多いのは資本家階級である。ただし企業の経営者なのに六〇四・四万円とは少ないようにも思える。その理由のひとつは、大部分が中小零細企業の経営者だということだが、もうひとつの理由については後述する。二番目に多いのは新中間階級で、四九九・二万円となっている。労働者階級は、正規雇用と非正規雇用の差が大きい。正規雇用の労働者階級は三六九・八万円で、旧中間階級（三〇二・九万円）を上回っているが、アンダークラスは一八六・五万円で、正規雇用の五割程度にとどまっている。

すべての階級で低い女性の年収

次に男女別の個人年収と男女比に注目しよう。一見して明らかなように、どの階級をみても男女間の格差が大きい。労働者階級では格差が比較的小さいが、それでも正規労働者階級で一・四四倍、アンダークラスで一・三〇倍もの格差がある。新中間階級は一・七六倍で、労働者階級より格差が大きい。しかし、さらに格差が大きいのは資本家階級と旧中間階級で、資本家階級では男性が女性の二・六四倍、旧中間階級も二・二〇倍となっている。詳しい集計から個人年収の分布をみると、女性資本家階級の一八・二％、女性旧中間階級の三九・四％は、個人年収が一〇〇万円を下回っている。形の上では役員や共同経営者でありながら、実質的には無報酬、あるいはきわめて低報酬の女性たちが多いのである。たとえば夫が社長で、名目的には副社長や専務だが、ごくわずかしか報酬を受け取っていない妻、夫が営む家業を手伝っているのに個人としての収入がない妻、などである。このことが、資本家階級と旧中間階級の男女合計での個人年収を大きく引き下げているといえる。

被雇用者である新中間階級と正規労働者階級では、年功制が多くの企業で導入されているため、年齢が上がるほど個人年収は増えると考えられる。そこで新中間階級と労働者階級について、男女別・年齢別に個人年収をみたのが、図表1・7である。年功制がもっとも典型的にみられるのは男性の新中間階級で、二〇歳代では三一五・九万円だった個人年収が、五〇歳代では七一五・五万円に達している。男性の正規労働者階級も、新中間階級ほどではないが年功制がかなりはっきりしており、二〇歳代の三〇五・八万円に対して、五〇歳代では五一七・一万円となっている。これに対して男性のアンダークラスは、新中間階級はもちろんのこと、正規雇用の労働者階級と比べても大幅に個人年収が少なく、年齢が上がることに伴う増加も明確ではない。正規労働者階級とアンダークラスが、まったく別の階級といってもいいほど異なるということがわかる。

図表1・7　被雇用者の階級別・男女別・年齢別個人年収

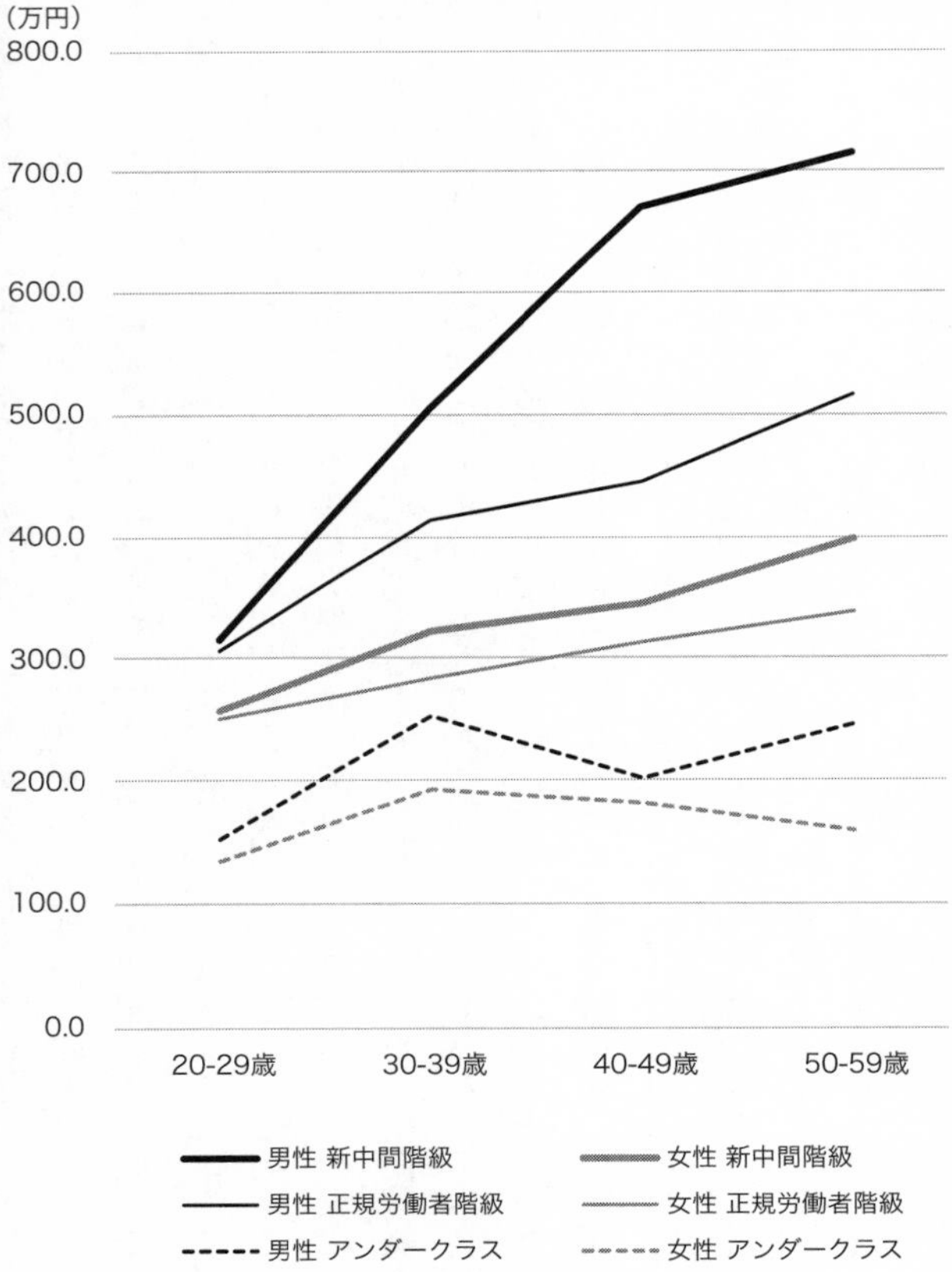

出典）2015年SSM調査データより算出。

一方、女性では、新中間階級でも年功制が明確ではなく、二〇歳代では二五七・四万円だった個人年収は、五〇歳代でも三九八・八万円までしか上がらない。正規労働者階級はさらに年齢による増加が小さく、二〇歳代で二五〇・〇万円だった個人年収が、五〇歳代でも三三七・八万円までしか上がらない。そしてアンダークラスは、男性以上に個人年収が少なく、年齢による増加も認められない。

このように男性と女性は、同じ階級に所属していても個人年収の水準がまったく異なり、また年齢に伴う増加の程度が明らかに違うので、年齢が上がるほど男女間格差は大きくなっていく。

4　男性より大きい女性の格差

女性内部の格差は非常に大きい

女性たちは、一貫してフルタイムで働く女性たち、有業者でありながら低収入の女性たち、そして無職でほとんど収入のない女性たちなど、多様な人生を歩んでいる。男性は、近年では非正規雇用で働く人が増えたとはいえ、基本的にはフルタイムで働き続ける人が大多数を占める。女性と男性の働き方は、まったくといっていいほど異なっている。その結果、何が起こるか。必然的に女性の間の格差は、男性の間の格差より格段に大きくなる。

図表1・8は、男性の間の格差と女性の間の格差を、ローレンツ曲線で比較したものである。ローレンツ曲線とは格差の大きさを視覚的にわかりやすく表現したグラフで、ここでは横軸に人数、縦軸に個人年収をとっている。もとになったデータは、二〇一五年のSSM調査データである。まず男性の方のグラフをみていただこう。グラフの作り方は、次の通りである。個人年収を回答した男性の調査対象者は、二六七二人だった。これらの人々をまず、年収の少ない人から順番に並べ、この順番に年収を足し合わせて累積額を求めていく。そして横軸に人数、縦軸にはそれぞれの人数に対応した累積額が全回答者の年収総額に占める比率をとって、プロットしていく。だからグラフは原点から始まって、横軸は二六七二人まで、縦軸は一〇〇%までとなっている。もっともSSM調査では、収入を五〇万円ごと、一〇〇万円ごとなどで区切った選択肢で尋ねているので、ローレンツ曲線はなめらかな曲線ではなく線分がつながったような線になる。

男性の場合、個人年収がゼロという人はわずか九八人しかいないので、グラフは早々と横軸から離陸し、立ち上がっていく。最初は低収入の人が多いから、グラフは横軸に近いとこ

図表1・8　男女別にみたローレンツ曲線（無職者を含む）

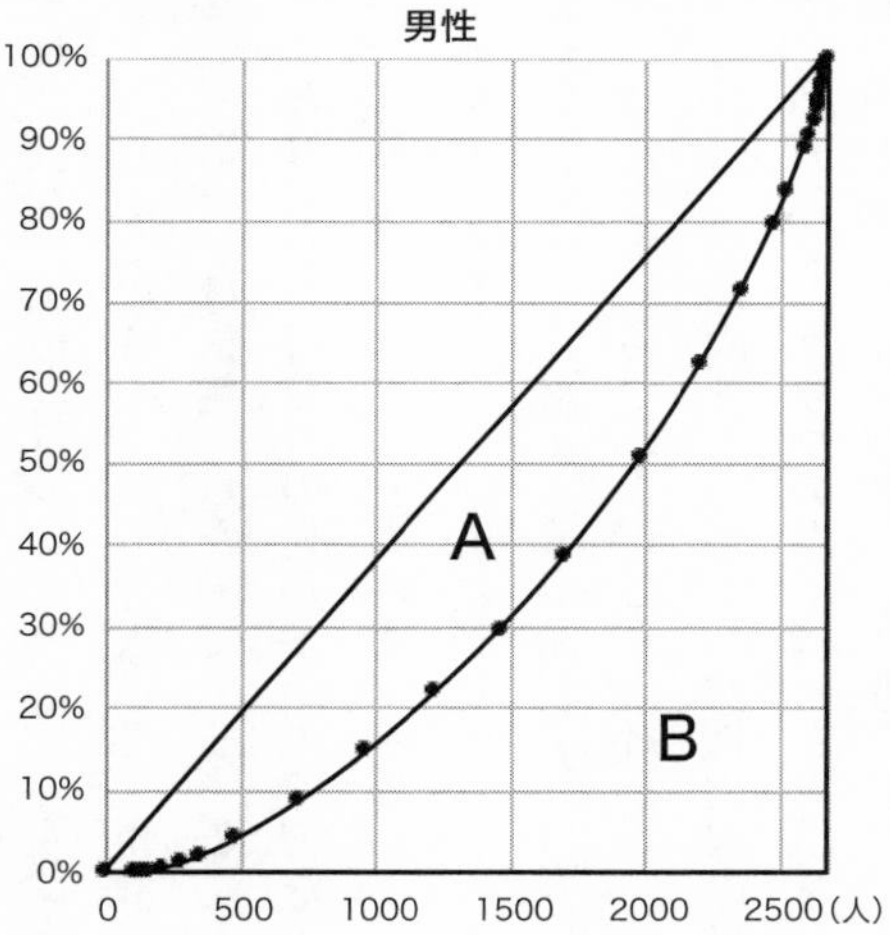

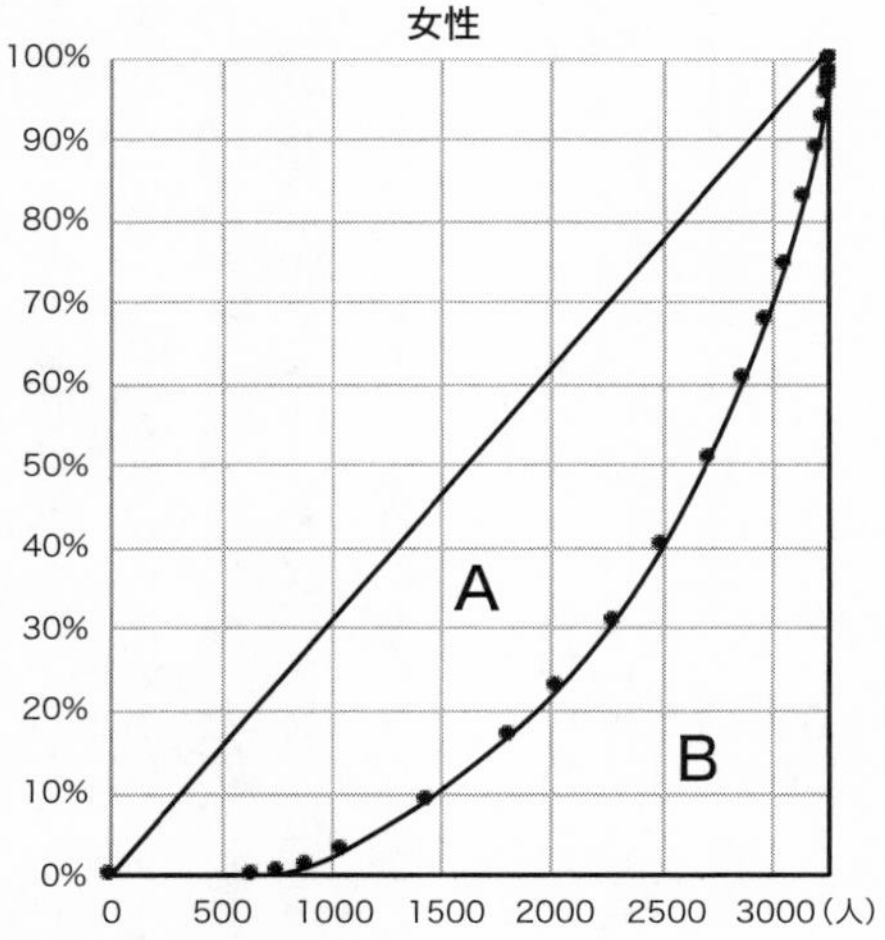

出典）2015年SSM調査データより算出。

ろを這っていくが、次第に収入の多い人が現われてくるので上昇速度を増し、最後は急上昇してグラフの右上端に到達する。この曲線が、ローレンツ曲線である。

それでは女性の場合はどうか。個人年収を回答した女性の調査対象者は三三六一人だった。ところがこのうち、六五〇人は個人年収がゼロである。このため横軸が六五〇人のところまで、グラフは横軸と重なっている。ここからグラフが立ち上がっていくのだが、男性と比べるとはるかに低収入の人が多いので、なかなか上昇が進まない。人数が八割を超えたところでようやく五〇％のところまで到達し、以後は数少ない高収入女性たちが登場するため急上昇して、グラフの右上端に到達する。

二つのグラフを比較すると、明らかに男性のグラフの方が早い段階で横軸から立ち上がり、上昇速度を早めていく。これに対して女性のグラフは、なかなか横軸から離れていかない。これは、男性内部の格差より女性内部の格差の方が大きいからである。

さて図表では、グラフの左下端と右上端をつなぐ直線、つまり四五度線を書き加え、この直線とローレンツ曲線で囲まれた部分をA、ローレンツ曲線と横軸で囲まれた部分をBと示しておいた。Aの部分の面積は、女性の方が男性よりはるかに大きいことがわかる。反対にBの面積は、男性の方が大きい。

実は格差の便利な指標としてよく使われるジニ係数は、このAとBの面積から、次のように簡単に算出できる。

ジニ係数＝Aの面積÷(Aの面積＋Bの面積)

当然、女性のジニ係数は男性よりもはるかに大きくなるはずだ。そこで一九八五年から二〇一五年までのSSM調査データを用いて、男性と女性のジニ係数を比較したのが、図表1・9である。男性のジニ係数は、一九八五年が〇・三六五で、一九九五年はわずかに低下するが、二〇〇五年に〇・三七九と上昇し、二〇一五年も同じ値となっている。これに対して女性のジニ係数は、一九八五年時点では〇・六三五と男性を〇・二七も上回っており、以後は緩やかに低下するものの、二〇一五年でも〇・五七五と男性を〇・二近く上回っている。いかに女性内部の格差が男性内部の格差より大きいかが、よくわかる。[3]

図表1・9　男女別ジニ係数の推移（無職者を含む）

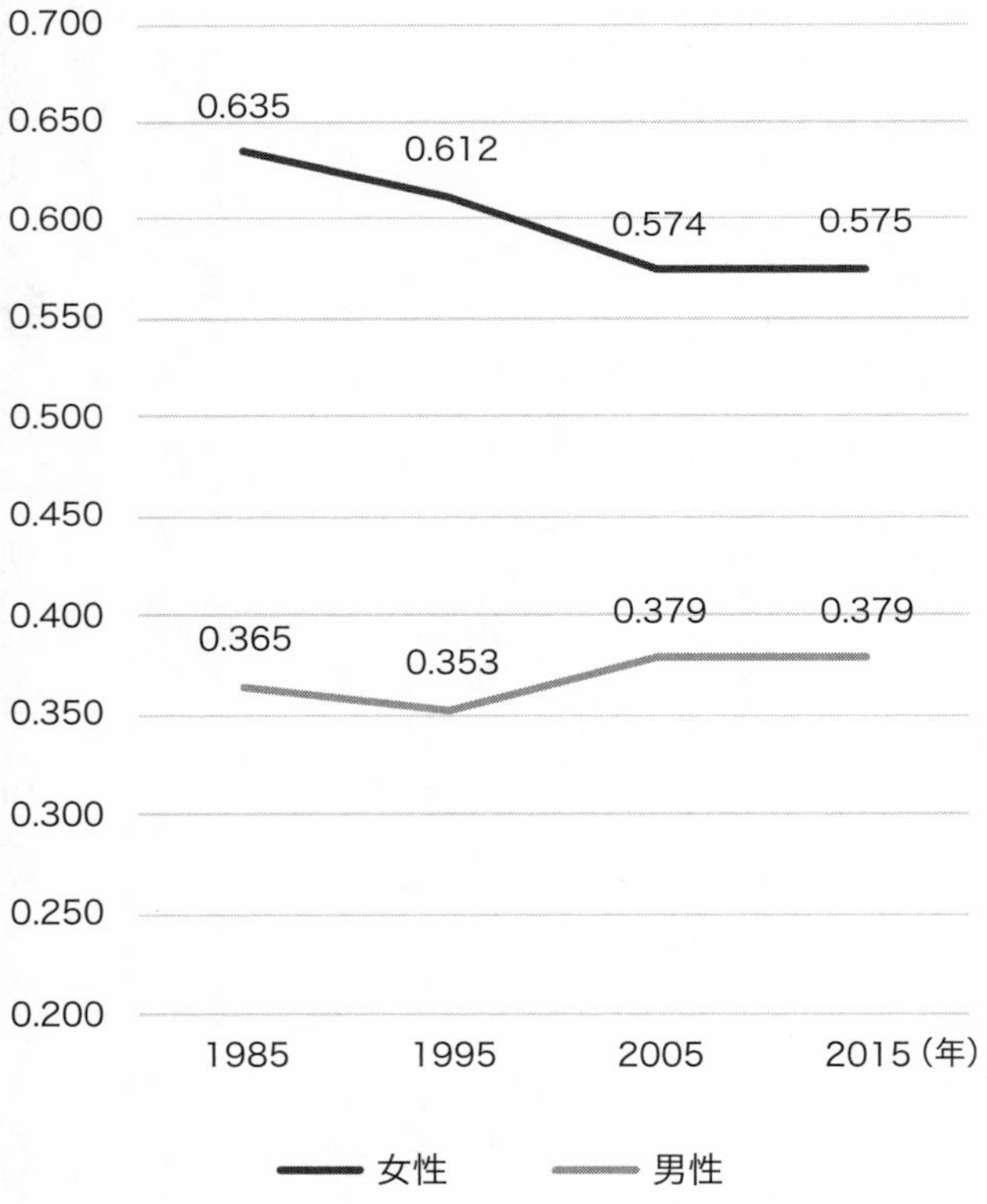

出典）SSM調査データより算出。20－69歳。

5 女性の格差の研究が進まなかったわけ

研究対象にもされなかった女性の格差

このように男性と女性とでは個人年収がまったく異なり、しかも女性内部の格差は男性内部の格差より明らかに大きい。だとすれば、格差に関する研究においては、男性以上に女性が重要な研究対象となってもよさそうである。ところが実際には長い間、女性は重要な研究対象とはみなされず、それどころか研究対象から除外されることすらあった。

格差に関する研究は、社会学、経済学、社会福祉学、社会医学など、多くの分野で行われている。しかし研究者の人数からみて、また論文や著作の数からみても、もっとも活発に研究が行われてきた分野は、社会学だといっていいだろう。

社会学には、格差の問題を専門に扱う分野がある。それは、階級論あるいは社会階層論、ひとまとめにして階級・階層論、あるいは階級・階層研究と呼ばれる分野である。階級・階層論の研究者たちは、社会の格差の構造を階級構造、あるいは階層構造と呼び、現代社会の階級構造や階層構造はどうなっているのか、そして人々はどのような階級や階層に区別されるのかということについて、理論的・実証的に研究してきた。そして家族社会学や都市社会学、社会意識論など、社会学の他の分野の研究者たちは、階級・階層論の研究者たちの研究成果を基礎としながら、家族のあり方は階級・階層によってどのように違うのか、都市にはどのような階級構造や階層構造があるのか、人々の意識は階級や階層によってどのように違うのか、などといったことについて研究する。その意味で階級・階層論は、社会学の基礎となる重要な研究分野だということができる。

階級・階層論の分野では、「一億総中流」などといわれて格差の問題に対する社会的関心が薄れていた時期にも、それなりに活発に研究が行われていたが、「格差社会」が流行語になって社会的関心が集まった二〇〇〇年代半ば以降になると、若い研究者も増えて、研究の幅が大きく広がるようになった。

ところが、階級・階層論において女性が研究対象とされるようになったのは、それほど古いことではない。いまから考えると信じられないようなことだが、ある時期まで階級・階層論では、女性は研究対象とされていなかったのである。

「はじめに」で紹介したSSM調査（社会階層と社会移動に関する全国調査）を例にとろう。この調査は一九五五年から一〇年ごとに行われ、日本の階級・階層研究に重要な基礎を提供してきたのだが、一九七五年までの三回の調査では、最初から調査対象が男性に限定されており、性別に関する設問さえ存在しない。一九七五年の調査結果は、戦後日本を代表する社会学者の一人である富永健一が編者となった『日本の階層構造』という本にまとめられているが、もとになったデータが男性だけのデータだから、正確には『日本男性の階層構造』と題されるべきで、またこの本に収められた「職業経歴の分析」「階層意識と階級意識」などという論文も、本来は「男性の職業経歴の分析」「男性の階層意識と階級意識」と題されるべきだったということになる。

一九八五年の調査からは女性も調査対象となったが、女性を対象とする調査は、男性を対象とする調査とは別の調査として実施されている。だから質問紙も「女性向け」に作られていて、そこには「現在、あなたが働いている理由は何ですか」などという、男性向けの質問紙には含まれていない設問が設けられていた。「男性が働くのは当たり前だが、女性が働くのには何か特別の理由があるはずだ」という前提で調査が設計されていたのである。

このように女性が研究対象から除外されてきたのは、日本だけではない。米国で階層研究が飛躍的に発展したのは一九六〇年代のことだが、研究の基礎となったＯＣＧ（Occupational Changes in a Generation）調査は男性のみを対象としており、質問紙の冒頭には「ディア・

ミスター（Dear Mr.）」と書かれていた。ヨーロッパ諸国でも事情は同じで、一九九〇年代はじめの段階でデータが利用できた調査のうち、女性が対象となっている調査は半数程度に過ぎなかった（エリクソン＆ゴールドソープ『不断の流動』）。

深刻なジェンダー・バイアス

なぜ女性が研究対象から除外されてきたのか。第一の理由は、明らかな女性差別だろう。つまり、女性は社会的に重要な存在ではないので、研究対象に含めなくてもよいという考え方である。実際に一九八〇年代に入るころまで、家族社会学を除けば、社会学において女性が研究対象とされることは少なかった。家族について研究する場合は、母親あるいは妻としての女性を無視することはできないから、辛うじて女性が研究対象となるのだが、その他の領域、とくに労働や政治など公的な領域についての研究では、女性が研究対象とされることは少なかったのである。

第二の理由は、階級・階層を構成する単位は世帯なのだから、その収入や生活水準、利害などの大半を決定する世帯主の所属階級・階層さえわかれば、階級・階層構造の分析には十分だと仮定されてきたことである。しかも世帯主は男性だと、暗黙のうちに前提されていた。もちろん女性が世帯主の世帯も存在するのだが、当時はまだまだ少数だった。

研究対象から理由もなく女性を除外してしまうというのは、明らかに差別的である。また、世帯主の職業や収入などが他の家族に影響するというのはある程度まで事実だが、だからといってすべてを世帯主に代表させてしまうというのは、非科学的としかいいようがない。このようにかつての階級・階層研究には、非科学的とすらいえるほど深刻なジェンダー・バイアスがあったということができる。

一九八〇年代以降になると、こうした研究方法に対する反省が生まれ、女性も研究対象に含まれるようになっていく。日本の階級・階層研究でも、一九九五年ＳＳＭ調査から女性が男性とまったく同じ形で調査対象に組み込まれ、これによってすべての調査項目について、女性と男性を同じ方法で研究対象とすることが可能になった。

階級・階層研究の根本的な問題点

しかし、これによって問題がすべて解決したわけではない。なぜなら、それまでの階級・階層研究の方法が、男性だけを対象とすることを前提に組み立てられていたからである。

第一に男性は多くの場合、フルタイムで職業に従事しているから、その職業にもとづいて、所属する階級・階層を判断すればよかった。しかし女性は、職業をもっていなかったり、あるいは家事などのかたわら、副次的に職業に従事していたりする。このため、男性で用いられてきた階級・階層所属の判断のしかたでは、一部の女性たちはどの階級・階層にも分類できない。

第二に男性と女性では、同じ職種や地位でも、仕事の内容や収入が異なることが多い。たとえば企業などの事務職の場合、男性事務職の多くは重要な任務を与えられてやがて管理職に昇進するのに対し、女性事務職は単純な事務作業に従事して、管理職に昇進するルートをもたないことが多い。また旧中間階級には家業を夫婦で営む人々が多く含まれるが、そこでは男性が事業を統括し、女性が副次的な役割を引き受けることが多い。このとき、それぞれの階級・階層の性格は、男性と女性で異なることになる。

これらは、男性だけを研究対象にしているうちは考慮する必要のない、少なくとも気づかれることのない問題だった。しかし一九七〇年代以降、それまでの階級・階層研究の問題点として、フェミニズム、とくにマルクス主義フェミニズムの立場をとる理論家たちによって鋭く指摘され、解決を迫られることになった。

もちろん、フェミニズムの理論家たちの主要な関心は、階級・階層研究にあったのではなく、あくまでもなぜ女性が男性よりも不利な立場に置かれるかというところに向けられていた。しかし社会学のなかで、その主張をもっとも重く受けとめることを求められたのは、階級・階層研究だったといってよい。次章では、そもそも階級とは何かというところにさかのぼりながら、階級とジェンダーの関係について詳しくみていくことにしよう。

2　たとえば上野千鶴子『女たちのサバイバル作戦』、大沢真知子「女性労働」など。

3　図表1・1の当初所得のジニ係数のような急激な上昇がみられないのは、集計の対象が二〇―六九歳と限定されているために高齢者がわずかしか含まれないこと、世帯収入ではなく個人収入を用いていること、当初所得ではなく社会保障給付を含む総収入がベースになっていることによるものである。

第2章

階級とジェンダーが結びついた社会

1 なぜ女性は男性より収入が少ないのか

男女格差の基本的で根源的な原因は何か

そもそも、なぜ女性の収入は男性より少ないのだろうか。

具体的な要因をいろいろ挙げることは難しくない。たとえば、女性は男性より無職の比率が高く、したがって収入がない人が多い。また非正規雇用の比率が高く、したがって収入の少ない人が多い。正規雇用に限っても、男性と比較すると女性は全体として、労働時間が短く、学歴が低く、勤続年数が短く、役職に就く人が少なく、また中小企業に勤める人が多い。このため正規雇用の場合でも、男性より収入が少ない。

しかし、このように個別の要因を挙げたからといって、女性の収入が男性より少ない理由が説明されたとはいえない。というのは、なぜ女性に無職の人が多いのか、なぜ非正規雇用が多いのか、なぜ労働時間が短いのか、なぜ学歴が低いのか、なぜ勤続年数が短く、役職に就くことが少なく、中小企業に勤める人が多いのかが、説明されていないからである。

しかもこれまでの研究では、これらの要因の影響を除去しても、男性と女性の賃金格差はなくならないことが明らかにされている。たとえば厚生労働省に設置された研究会が発表した「男女間の賃金格差問題に関する研究会報告書」（二〇〇二年）は、さまざまな要因が男性と女性で同じになったと仮定した場合に、賃金格差がどれだけ縮小するかについて分析を行っている。これによると、労働時間が同じになっても男女間の格差は〇・八％しか縮小しないし、学歴が同じになっても二・二％しか縮小しない。比較的影響が大きいのは勤続年数と職階だが、これらが同じになったとしても、格差はそれぞれ六・一％、一一・二％しか縮小しない。しかも勤続年数と職階は連動しているから、両方が同じになったとしても、六・一％と一一・二％を合計した一七・三％の分だけ格差が縮小するというわけではない。

このように賃金を決定する多数の要因が、どれも一致して女性の賃金を男性より低くする方向に作用していて、しかもこれらの要因の影響を除去しても大きな格差が残るとなると、どこかにもっと基本的で根源的な原因があると考えなければならない。

このように女性が男性より下位に置かれてしまう理由について、根源的な問いを発し、解答を与えようとしたのが、フェミニズムの理論家たち（大部分が女性）だった。その問いの意味を理解するためには、まず階級とは何かという基本的な問題から考える必要がある。

2 資本主義経済のしくみと階級

労働力は金銭で売買される商品

私たちが生きている社会は、資本主義社会である。それでは資本主義社会とは何か。それは、資本主義的生産様式という経済構造を基礎とする社会である。ここで資本主義的生産様式とは、生産手段、つまり生産に必要な農地や建物、機械や原料などさまざまなモノ[4]が一部の人々によって集中的に所有され、その結果、労働力、つまり生産に必要な精神的・肉体的能力が商品化した経済構造のことである。

資本主義以前の社会では、多くの人々が商工農業を営む自営業者であり、自分の使う道具や材料、建物、農地などの生産手段を自分で所有していた。多くの人々は、自分の所有する生産手段を自分で使って、生産活動を行っていたのである。ただしこれらの人々は、封建社会では領主によって支配され、その労働力や生産物の一部を賦役《ふえき》労働や年貢の形で搾取されていた。しかし資本主義が成立する過程で、封建領主は消滅し、完全に独立した自営業者となった。これが現在の旧中間階級である。

図表2・1　資本主義経済の基本構造

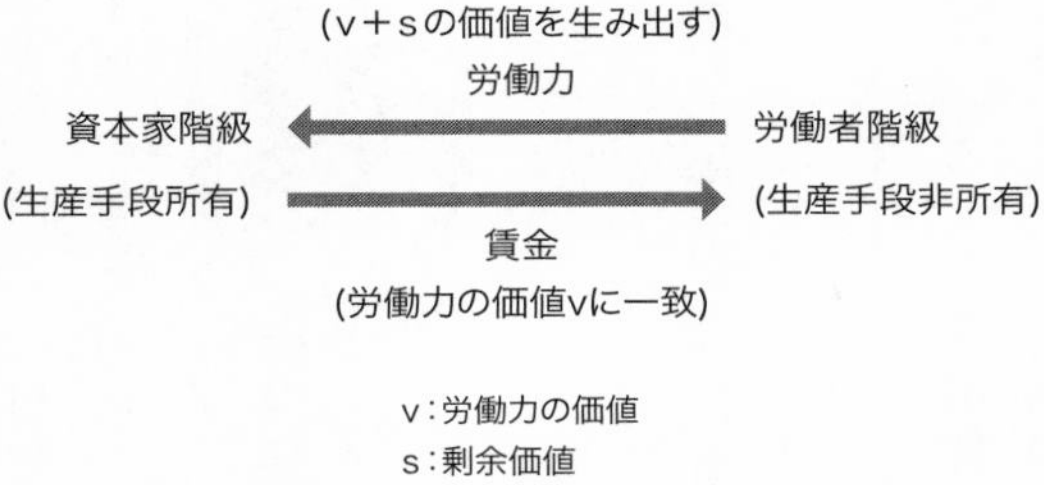

しかし資本主義社会では旧中間階級以外の大部分の人々は、旧中間階級とは異なる経済構造のもとで生産活動を行っている[5]。それが資本主義的生産様式であり、その基本構造は、図表2・1のように図式化することができる。

この経済構造のもとでは、さしあたって人々は、生産手段を所有する資本家階級と、生産手段を所有していない労働者階級に分けられる。生産手段を所有していない労働者階級は、そのままでは働くことができないから、生計が立てられない。他方、資本家階級は、大量の生産手段を所有していても自分たちだけの力では活用できないから、人手を必要とする。そこで両者の間には、次のような交換関係が必然的に成立する。労働者階級は、自分の労働力を資本家階級に提供する。資本家階級はその見返りとして、労働者階級に賃金を支払う。つまり資本主義社会では、労働力が金銭で売買される商品となっているのである。

さて労働力を資本家に売った労働者はどうするか。労働力は自分の身体から切り離せないので、資本家のもとへ出かけていって、労働することになる。つまり生産手段を使って材料に手を加え、新たな価値を付け加え、商品へと作り上げるのである。一時間労働すれば、材料に労働一時間分の価値が付け加えられる。材料も、もともとは誰かの労働によって生産されたものだから、一定の価値をもっている。しかしその価値はできあがった商品にそのまま移行するだけであり、新しい価値を生み出すのは労働力だけである。このように、労働力こそが価値の源泉であり、商品の価値はそこに投入された労働の量によって決まると考えられる。

労働力の価値を決めるもの

しかし先にも述べたように、労働力自体がひとつの商品である。それでは、労働力の価値はどうやって決まるのか。他の商品と同じように、それを生産するために必要な労働の量によって決まる。つまり労働力の価値は、労働力を再生産するために労働者が一日の疲れを癒やし、体力と精神力を回復し、翌日も同じように働けるようになるために必要な、食料その他の生活物資に投入されている労働の量によって決まるのである。経済が正常な状態にあって、一定の労働条件が守られている場合、労働者は普通に生活できるだけの賃金を、つまり自分のもつ商品である労働力を過不足なく回復＝再生産できるだけの賃金を受け取る。このとき、賃金は労働力の価値通りに支払われていると考えることができる。

ところが、ここにカラクリがある。一日八時間働く労働者が労働力を再生産するために必要な生活物資に、八時間分の労働が投入されているわけではない。こうした生活物資は、たとえば四時間分の労働で十分生産できるのである。このとき労働者は、毎日八時間分の価値を生み出しているのに、その労働力には四時間分の価値しかないわけだから、賃金は四時間分しか支払われない。これは一見すると不公平のようにも思われるが、賃金は労働力の価値通りに支払われているのだから、少なくとも形式的には等価交換である。

それでは残りの四時間分はどうなるのか。これが資本家の取り分となる。つまり労働者は、自分の労働力が再生産されるのに必要な分しか賃金を受け取らないのに、それ以上の価値（これを剰余価値という）を生み出し、これが資本家のもうけとなる。しかも資本家は労働者をたくさん雇っているから、その人数×四時間分の剰余価値を手にすることができる。マルクス経済学では、労働力の価値をｖ、労働力によって生み出された価値を差額ｓを含む形でｖ＋ｓと表わし、ｓを剰余価値と呼ぶ。このように剰余価値が資本家階級の手元に残るとき、労働者は剰余価値を搾取されているということができる。このような搾取が可能になるのは、資本家階級が生産手段を独占しているからである。これが、資本家階級と労働者階級の間に経済的な格差が生じる基本的なメカニズムである。

資本主義的生産様式が格差を生む

マルクス主義の理論的立場に立って階級を論じる人々は、この資本主義的生産様式こそが現代社会における格差の根源であると考えてきた。マルクス主義以外の理論的立場から階級や階層を論じる人々も、それぞれの職業の社会的貢献度の大きさや生産性の違いが格差を生み出すと考えてきたから、その社会の経済構造が格差の基盤だと考える点では、マルクス主義の立場をとる人々と変わりがない。

もちろん大企業の場合、経営者が生産手段の文字通りの所有者であることは少ない。いわゆる「雇われ経営者」たちは、いくらかの株式はもっていても、株主全体からみれば小さな個人株主に過ぎないことが多い。しかし経営者は、生産手段の運用の基本方針を決定する権限をもっており、法律上の所有権はないものの、所有権をもつ経営者と同様に雇用主として、労働者の労働力を購入する立場にある。しかも剰余価値の分配を受けて、労働者階級を大きく上回る収入を得ている。

また資本主義が発展して企業の規模が大きくなると、資本家階級が自ら労働者や生産工程の管理などを行うことは現実的ではなくなる。このため資本家階級は、高度な経営上の判断や外部との重要な交渉などに専念し、これに代わって管理職や専門職などとして、労働者を管理したり、事業の運営や設計を行う人々が登場した。これが、新中間階級である。

こうして階級構造は複雑化するのだが、基本の構造が資本主義的生産様式であることには変わりがない。

3　資本主義と家父長制

マルクス主義フェミニズム

これに対して一九六〇年代から、格差を生み出すもうひとつの基盤を重視する人々が現われた。それは、フェミニズムの立場をとる人々、つまりフェミニストたちである。フェミニストたちは、男性の女性に対する支配のシステムである家父長制が、資本主義と並ぶ、あるいはそれ以上に重要な格差の基盤だと考えて、マルクス主義を批判した。そして一九七〇年代以降になると、フェミニズムとマルクス主義を結びつけた、マルクス主義フェミニズムと呼ばれる理論的潮流が生まれ、資本主義と家父長制の二つが独立して、あるいは結びつきながら、格差の基盤になっていると主張するようになった。

マルクス主義フェミニズムには多種多様な理論があり、定説のようなものがあったわけではない。しかも二〇世紀末以降になると、多種多様なフェミニズム理論、あるいはジェンダー理論が登場したことから、マルクス主義フェミニズムはあまり注目されなくなり、すでに過去の理論となってしまった感がある。したがってフェミニズムやジェンダー研究の専門家には、なぜいまごろそんな古い学説を持ち出すのかと、疑問に思われるかもしれない。しかし女性と階級の関係、そして階級間の格差と男女間の格差の関係を考えるためには、依然として有用な理論だといっていい。ここでは詳しい学説史や枝葉の部分を切り落とし、中心的な部分だけ振り返っておきたい。

フェミニズム理論でいう家父長制（patriarchy）という概念は、最初の段階では男性の女性に対する支配のシステム一般を指すものとして使われたが、マルクス主義フェミニズムの理論家たちは、ここに「物質的基盤」という規定を追加して、より洗練された概念に練り上げていった。簡単にいえば家父長制とは、家産の所有や労働力の支配という物質的基盤の上に成立する、男性の女性に対する支配のシステムのことである。それでは家父長制は、資本主義社会のなかでどのような位置にあるのだろうか。

無視された労働力の再生産メカニズム

先の説明から明らかなように、資本主義的生産様式はその外部に、労働力を再生産するメカニズムを必要とする。労働力が生産活動に投入され、消費されると、その価値は生産物に移行し、あとには心身ともに疲れて労働力を失った労働者が残される。労働者は労働力を再生産しなければならない。つまり食事をとり、休息と睡眠をとり、あるいは心身をリラックスさせるための余暇活動を行うなどして、精神的・肉体的能力を取り戻さなければならない。このように労働力は、生産活動の場とは別の、消費の場で再生産される必要がある。それでは、食事は誰が作るのか。休息や睡眠の場を整えるのは誰か。

さらに労働力は、世代的にも再生産される必要がある。個人の労働力は永久に再生産され続けるわけではない。年をとり、体力や精神力を失い、労働力が再生産されなくなるときが必ずやってくる。したがって資本主義が存続し続けるためには、次世代の労働力が再生産されなければならない。つまり労働者階級は、子どもを産み育て、次世代の労働者階級の担い手へと仕立て上げなければならない。これも労働力の再生産（あるいは労働者階級の再生産）だから、賃金には当然、その費用も含まれていなければならない。それでは子どもは誰が産み、誰が育てるのか。

かなり最近まで、階級・階層論の研究者たちは、この問題を無視していた。階級理論の基礎を築いたマルクスは、こんな言葉を残している。

労働者階級の不断の維持と再生産も、やはり資本の再生産のための恒常的な条件である。資本家はこの条件の充足を安んじて労働者の自己保存本能と生殖本能とに任せておくことができる（『資本論第一巻』第21章）。

労働力は資本主義の外部で、放っておいても自然に再生産されるのだから、再生産のメカニズムについて考える必要はない、というわけである。彼に続く研究者たちも、ほぼ同じように考えていた。労働力が再生産されるメカニズムは、視野に入っていなかったのである。

報酬が支払われない再生産労働

それでは労働力は、どのようにして再生産されるのか。ここで考えられる、もっとも典型的なメカニズムは、次のようなものである。労働力の再生産は、家族を単位として行われる。単純化のため、ここでは家族が、一人の男性と一人の女性、そして子どもから成り立っていると考えておくことにする。労働者として家族の外で働くのは男性＝夫である。そして食事を作り、休息や睡眠の場を整え、また子どもを産み育てるのは女性＝妻である。ここで女性たちが担う労働力の再生産のための活動を再生産労働または家事労働と呼び、男性たちが生産の場で行っている活動を生産労働、または単に労働と呼ぶことにしよう。このように家族が生産の場ではなく消費の場として純化していて、しかも男性が生産労働、女性が再生産労働を担うという役割分業が行われている家族は、一般に近代家族と呼ばれる[6]。

一見したところ、ここには合理的な役割分担があり、これによって生産労働と再生産労働が円滑に行われているようにも思える。しかし生産労働と再生産労働には、明らかな非対称性がある。なぜなら、生産労働には報酬が支払われているが、再生産労働には報酬が支払われていないからである。つまり女性が行う再生産労働は不払い労働（アンペイド・ワーク）なのである。

男性労働者は、女性が行う再生産労働によって再生産された労働力をもって生産現場に赴き、生産労働を行って賃金を得る。しかしこの賃金は、あくまでも労働力を提供した男性のものである。もちろん個々の家計内での取り決めや慣習にしたがって、男性が女性に賃金の一部を分け与えたり、その具体的な運用を任せるということはありうるが、あくまでも賃金は男性労働者に対して支払われたものであり、これを所有するのは男性労働者である。ここには一種の搾取関係の存在を認めることができる。労働力の、したがってこれと引き換えに得られた賃金の所有者である男性労働者が、女性から再生産労働の成果を搾取しているのである。男性労働者は生活費を支出しているのだから、女性は間接的には報酬を得ているようにもみえる。しかし、これは報酬ではなく「扶養」であるに過ぎない。これが近代社会における結婚という制度の本質である。マルクス主義フェミニズムの代表的な理論家であるクリスティーヌ・デルフィは、この点を次のように説明している。

私の命題は、結婚とは、不払い労働が女性=妻という特定のカテゴリーに強要される制度である、というものである。この労働は不払いである。なぜなら、それは賃金の根拠とはならず、単に扶養の根拠となるにすぎないのだから（『なにが女性の主要な敵なのか』）。

労働者階級家族のなかに成立する、このような構造を何と呼べばいいだろう。日本を代表するフェミニズム理論家で社会学者の上野千鶴子は、近代家族では生産活動が行われていないことから、近代家族における家父長制は生産様式ではなく再生産様式だと規定した（『家父長制と資本制』）。これにしたがって、家父長制的再生産様式と呼んでおこう。[7]

男性が女性を搾取する構造

旧中間階級の場合には別の問題もある。先に説明したように旧中間階級は、封建社会では領主によって支配され搾取されていたが、資本主義の成立とともに独立した自営業者となった。旧中間階級は資本家階級と同じように生産手段を所有し、労働者階級と同じように現場で働いて、収入を得ている。現実には大企業に支配されて生産物を買いたたかれるなど、不利な立場に立たされることも少なくないはずだが、さしあたっては誰を搾取するわけでも、誰から搾取されるわけでもないとみることができる。

しかし実は、旧中間階級の内部には搾取関係、つまり搾取する／されるの関係がある。なぜなら多くの場合、生産手段を所有して事業を経営しているのは男性であり、女性はそのもとで家族従業者として働いているからである。事業から得られた収益は生産手段の所有者である男性のものとなり、女性は収益を手にすることはできないか、その一部を分配されるに過ぎない。前章の図表1・6で、旧中間階級の男性と女性の間には大きな収入格差があることを確認したが、これは夫と妻を比較したものではなかった。ここで夫と妻を比較した数字を挙げておこう。二〇一五年SSM調査によると、夫婦ともに旧中間階級である人の個人収入は、男性が四一二・五万円、女性が一三七・四万円と、男女で三倍もの差があった。[8]しかも女性の八・七%は個人収入がゼロで、五四・三%は一〇〇万円未満だった。もちろん個々の家計内での慣習にしたがって、男性である夫が女性である妻に自分の収入の具体的な運用を任せているということはありうるが、得られた収益の大部分は、あくまでも男性の所有物となっているのである。

ここに、生産領域における男性の女性に対する搾取の存在を認めることができる。つまり、生産手段の所有を基礎として、男性が女性の生産労働の成果を搾取しているのである。ひとつの世帯のなかに成立しているこのような経済構造は、家父長制的生産様式と呼ぶことができる。当然ながら家父長制的生産様式は、家族経営の中小零細企業を営む資本家階級世帯にも成立しうる。もちろん旧中間階級世帯や資本家階級世帯でも、女性は家事労働の主要な担い手だから、女性たちは家父長制的再生産様式を通じた搾取も受けることになる。二重の搾取である。

このように家父長制は、再生産様式であるとともに生産様式でもあり、いずれにしても男性による女性の不払い労働の搾取をもたらす。ここから、男性と女性の関係は、一種の階級関係だという主張が生まれてくる。たとえばデルフィは、次のように主張する。この社会には家父長制と資本主義という二つの搾取システムがあり、前者を基礎として性階級、つまり男性階級と女性階級が形成される。こうして人々は、家父長制における所属階級と資本主義における所属階級という、二つの所属階級をもつことになるのである（『なにが女性の主要な敵なのか』）。

これを受けて上野は、「フェミニズムの戦略にとって、『女性＝階級』説は、強力な基盤を提供する」と主張する。なぜなら女性がひとつの階級であるならば、目指すべき目標は、一部の女性の解放ではなく、「層としての女性」全体の解放となるからである（『家父長制と資本制』）。

4　階級とジェンダーの結びついた社会

下位の階級ほど女性比率が高い

さて、前節では労働力の再生産の場である労働者家族を、男性が生産労働、女性が再生産労働を担当する近代家族と仮定しておいた。しかし現実には、多くの女性が被雇用者として生産労働にも従事している。この場合、女性は階級構造において、どのような位置を占めるのだろうか。もっとも男性と女性の完全な平等が実現した社会であれば、女性は男性とまったく同じ位置を占めるはずであり、たとえば北欧諸国などはすでに、これに近い状態になっているものと思われる。しかし多くの社会はそうではないし、とくに日本はそうした状態にほど遠いと考えてよい。

代表的な主張のひとつは、ハイジ・ハートマンによって示されたものである。ハートマンは、これまでの研究で階級という概念がジェンダーと無関係のものとされてきたことを問題にする。彼女によると、階級理論は資本主義の発展によってさまざまな階級が出現することを説明するが、そこではこれらの階級が、誰がその場所を占めるのか不明のままの「空席」

として示されているに過ぎない。これに対して家父長制は、誰がどの「空席」を占めるのかを決定する。つまり家父長制の存在によって、階級的な序列のなかで男性は支配する位置を、女性は支配される位置を占めるようになるのである（「マルクス主義とフェミニズムの不幸な結婚」）。

ナンシー・アンデスは、このハートマンの主張にもとづいて「各階級は、男性中心の階級と女性中心の階級に分断されている」という仮説を立ててデータを分析した。その結果、仮説は支持され、全体としては上位の階級ほど男性比率が高く、下位の階級ほど女性比率が高いことが明らかとなった。ここからアンデスは、「ジェンダーと階級は相互に強め合いながら、女性と男性を著しくジェンダー化された社会階級の地位に振り分け、女性と男性に異なるライフチャンスと結果をもたらす」と結論している（「社会階級とジェンダー」）。

またマイケル・マンは、女性が各階級のなかの下位の部分に集中することに注目した。たとえば女性専門職は、専門職のなかでも下位に位置する「準専門職」であることが多いし、女性事務職はノン・マニュアル職の下位に位置して、その下に位置する男性マニュアル職と男性ノン・マニュアル職の間の「緩衝帯」になっている。このような事実を確認した上でマンは、「階層構造はジェンダー化され、ジェンダーは階層化されている」と結論している

（「階層理論の危機？」）。

またジャッキー・ウエストは女性の所属階級について論じるなかで「女性は階級構造の中の最も論争を呼ぶ領域を占めている」と指摘し、とくに事務職に注目した（「女性と性と階級」）。事務職はもともと管理的な熟練労働だったが、仕事の細分化と機械化によって非熟練化する傾向があり、この過程では、とくに女性の地位が低下したというのである。このことは、男性の事務職が新中間階級であるのに対して、女性の事務職は労働者階級だとみなすべきであるということを示唆する。

本書ではこの理由から、正規雇用の事務職を、男性の場合は新中間階級、女性の場合は労働者階級に分類している。ちなみに二〇一五年ＳＳＭ調査データによると、正規雇用の事務職のうち役職を有する人の比率は、男性が六二・五％であるのに対して、女性は一八・八％に過ぎなかった。近年の若い世代では女性総合職の増加がみられるが、まだまだ女性全体の地位を変えるには至っていない[9]。

家父長制的な性格をもつ企業組織

前章では日本のデータを用いて、女性に比べると男性には資本家階級、新中間階級、そして正規労働者階級、反対に女性には非正規労働者階級が多いこと、また同じ階級どうしを比較しても、男性の個人年収は女性より多いことを示した。これは欧米の研究で示された以上のような傾向が、日本にも典型的に認められることを示すものである。このような意味で、現代日本の階級構造は「ジェンダー化された階級構造」であり、またジェンダーは「階級化したジェンダー」であるということができる。

このようにみてくると、もともとは家族のなかにあって、「家産の所有や労働力の支配という物質的基盤の上に成立する、男性の女性に対する支配のシステム」だったはずの家父長制が、家族の外部の社会にまで広がっているということがわかる。なぜ、このようなことが起こりうるのか。二つの見方がある。

ひとつは、女性が家族の外で職業を得る傾向が強まったために、公的な場にまで家父長制が広がった、というものである。シルヴィア・ウォルビーは、このような変化を「私的家父長制から公的家父長制への移行」と呼んだ。彼女によると、私的家父長制とは、家長が私的領域において女性を直接かつ個人的に支配するものであり、ここでは夫または父親が、直接の抑圧者かつ受益者となる。これに対して公的家父長制は、雇用や国家に基盤をもつもので、女性が私的領域のみならず公的領域にも進出することによって形成された。そして二〇世紀以降は私的家父長制よりも公的家父長制の方が重要になり、ここでは女性の搾取が主に公的領域で、集団的に行われている、というのである（『家父長制を理論化する』）。

もうひとつは、近代的な企業組織は、もともと家父長制的な性格をもっていたとするものである。経済史家の森建資は、英国における雇用関係の歴史的成立過程に注目する。そして歴史資料の分析から、近代資本主義の雇用関係の中軸である雇主の指揮命令権は、歴史的にみると、男性家長の妻と子どもの労働に対する支配権から発達してきたということを明らかにした（『雇用関係の生成』）。これを受けて大沢真理は、企業の労働者支配は本来的に「家父長制」だったのであり、このため必然的に、女性労働者は低い地位に置かれてきたのだ、と指摘する（「現代日本社会と女性」）。

おそらくこれら二つの説明は、いずれも正しいのだろう。企業における家父長制は、その歴史的起源のひとつである、近代初期の家族経営から継承されたが、ある時期までここで支配を受ける労働者階級の大多数は男性であり、男性雇用主による男性労働者の支配が主流だった。しかし女性の進出によって企業における家父長制は、男性雇用主と男性上司による女性労働者階級の支配という性格を強めてきたのである。

以上の議論から、私たちの社会は、ジェンダーと階級が互いに結びついた社会であるということがわかる。

複合的な格差を含むジェンダー＝階級構造

家族のなかには家父長制があり、女性たちは再生産労働の担い手となっている。このことによって男性の女性に対する搾取が発生するのだが、それだけではない。女性の多くはやがて、家族の外で生産労働にも従事するようになったが、ここで再生産労働の負担が制約となり、生産労働への参加は限定的とならざるを得ない。このため女性の所属階級は下層階級になりやすく、あるいは各階級のなかの下位の部分に位置づけられやすくなる。さらに企業の家父長制的な構造により、女性たちは女性向けの低い地位へと位置づけられる。また中小零細企業の資本家階級や旧中間階級の女性たちは、家父長制的生産様式という経済構造のなかに位置しており、不払いの生産労働に従事している。こうして彼女たちは、資本家階級および旧中間階級の下層に位置づけられるのである。

以上のような構造は、図表２・２のようにまとめることができる。

資本主義的生産様式のなかで、人々はそれぞれの階級へと振り分けられる。階級間には当然、格差がある。他方、家父長制のもとで、人々は男性または女性というジェンダーへと振

図表2・2　家父長制的資本主義の構造

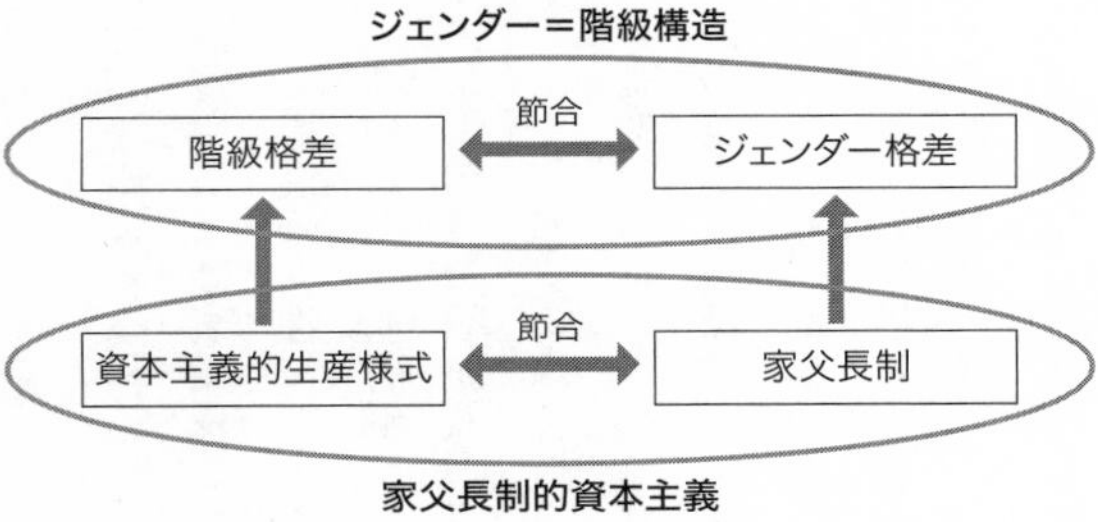

り分けられる。ジェンダー間にも、格差がある。ところが資本主義的生産様式と家父長制は共存して相互依存の関係にある。このような関係は、節合（アーティキュレーション）と呼ばれる。アーティキュレーションとは、異なる社会構造が結びついて相互に依存していることを指すのにしばしば使われる用語で、欧米語では、骨と骨を結びつける「関節」や、歯と歯のかみ合わせを示す「咬合《こうごう》」と同じ単語である。こうして形成されたひとつの複合的な経済構造が、家父長制的資本主義である。この結果、階級とジェンダーは共存して相互依存の関係に入ることになる。こうして形成される構造が複合的な格差を含むジェンダー＝階級構造であり、人々はそのなかのどれかの場所へと位置づけられることになる。

5　夫の所属階級の強い影響

夫の年収に左右される階層帰属意識

前章で紹介したように、かつて階級・階層研究では女性が研究対象から排除されてきたが、その大きな理由のひとつは、階級・階層を構成する単位は世帯であり、その所属階級・階層は世帯主の所属階級・階層によって決まると前提されていたことにあった。これが誤った前提であることは間違いない。しかし、だからといって世帯主の所属階級・階層が重要でないというわけではない。とくに女性の場合、その重要性は大きい。

なかでも専業主婦は、個人としての所属階級をもたないから、その生活水準や生活のあり方は、男性世帯主たる夫の所属階級によって決定的に左右される。またパート主婦の場合も、個人としての所属階級は非正規労働者階級であるとはいえ、労働時間が短いこともあって自分の所属階級の影響力は限定的であり、多くの場合は新中間階級や正規労働者である世帯主＝夫の所属階級に影響されるところが大きい。

これはフルタイムで働く女性の場合にも、ある程度まではあてはまる。女性の収入は、男性に比べて少ないことが多いからである。二〇一五年SSM調査の結果からみると、夫の方が収入の多い夫婦の比率は八六・九%に上っている。妻の方が収入が多い夫婦はわずか六・一%で、収入が等しい夫婦も七・〇%に過ぎない。夫婦ともに非正規労働者以外のケースに限ってみても、夫の方が収入が多い夫婦は七八・八%に上り、妻の方が収入が多い夫婦はわずか八・七%だった。収入が等しい夫婦は一二・五%である。世帯年収、したがって生活の豊かさは、大部分が夫の所属階級によって決定されるのである。

このことは、人々の意識にも影響する。図表2・3は、配偶者のある男女について、配偶者の所属階級と階層帰属意識の関係をみたものである。[11] 階層帰属意識とは、自分がこの社会のなかでどのような位置にいるかについての認識や評価のことで、SSM調査では「上」「中の上」「中の下」「下の上」「下の下」のなかからひとつを選んでもらう形で調査されている。「上」と「中の上」のいずれかを選んだ人は、自分が「人並みより上」に位置していると考えていることになるが、ここではこの二つの比率の合計を示している。

男性の階層帰属意識は、妻の所属階級にはあまり強く影響されない。「人並みより上」の比率は、妻が資本家階級または新中間階級の場合に四四%程度とやや高くなるが、妻が正規労働者階級の場合で三二・〇%、非正規労働者階級(つまりパート主婦)の場合でも二六・七

図表2・3　配偶者の所属階級と「人並みより上」意識

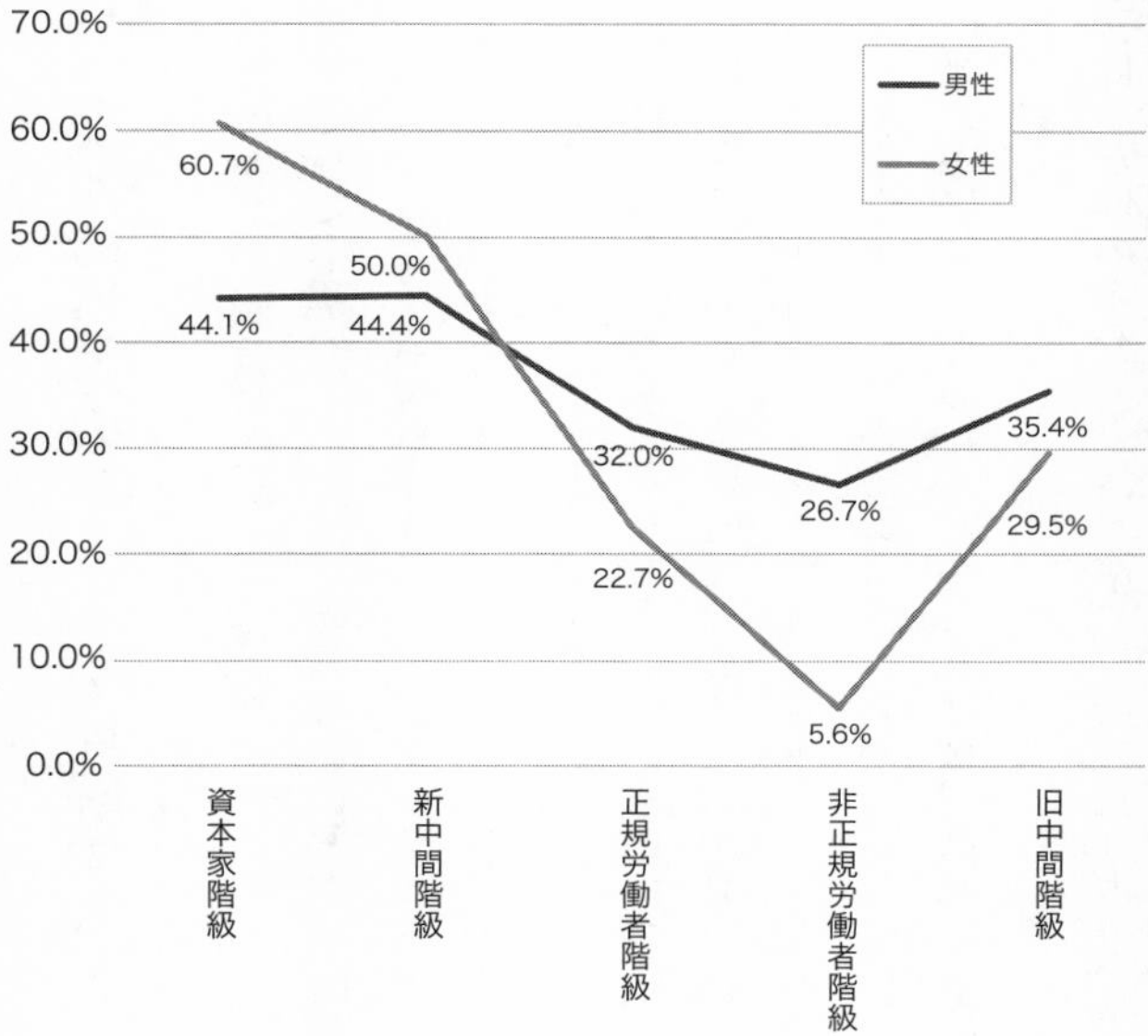

%と、あまり低くならない。これに対して女性の階層帰属意識は夫の所属階級にきわめて強く影響される。「人並みより上」の比率は、夫が資本家階級の場合に六〇・七%と非常に高くなるのに対して、夫が非正規労働者階級（つまりアンダークラス）の場合は五・六%と極端に低くなる。新中間階級（五〇・〇%）と正規労働者階級（二二・七%）の差も、非常に大きい。夫にとって妻の所属階級はそれほど大きな意味をもたないのに、妻にとって夫の所属階級はきわめて大きな意味をもつのである。

6 女性の格差のしくみを理解する

男性とは異なる所属階級のもつ意味

前章、そして本章のここまでで確認したことを、簡単にまとめておこう。

第一に、フルタイムで就業することがデフォルトとなっている男性と異なり、女性には有業者と無業者がいる。男性にも無業者がいるが、生涯の大部分を無業者として過ごす人々はごく少数だから、有業者と無業者の間の格差というのは、かなり特殊な問題である。これに対して女性の場合、有業者と無業者の間の格差は基本的な問題のひとつである。

第二に、女性の場合、所属階級のもつ意味が男性とは異なっている。夫とともに家業に従事する女性たちが所属しているのは、資本家階級や旧中間階級の従属的な部分である。被雇用者として生産労働に従事する女性たちが所属しているのは、多くの場合、新中間階級や労働者階級の下層部分である。だから女性は、同じ階級に所属していても、男性より収入が少ないのである。

第三に、女性の場合、生活水準や生活のあり方は、夫の所属階級によって大きく左右される。したがって女性の間の格差をみる場合には、本人の所属階級に加えて、夫の有無とその所属階級も考慮しなければならない。とりわけ本人が無職または非正規労働者の場合は、これが決定的に重要になる。夫がいる場合、無職の妻は専業主婦と呼ばれ、非正規労働者の妻はパート主婦と呼ばれる。多くの場合、彼女らには正規雇用の新中間階級や労働者階級として働く夫がおり、生活の多くを夫の収入に負っている。しかし夫のいない無職や非正規労働者の女性は、きわめて大きな貧困リスクを背負うことになる。

図表０・１は、以上のことを考慮して、女性たちを三〇のグループに分けたものだった。つまり階級・階層研究のこれまでの蓄積の上に立ち、さらにマルクス主義フェミニズムの問題提起を取り入れて作られた、女性たちの分析枠組みである。そして図表２・４は、この枠組みにしたがって、二〇一五年ＳＳＭ調査の女性回答者の分布を示したものである。年齢は、二〇歳から六九歳までである。ただし無職の無配偶者は、老後を迎えつつある高齢女性と、未婚で親と同居している若年女性という、まったく異なる人々を含んでおり、後者の女性たちの多くはこれから結婚するなどして、他のどれかのグループへ移動する準備段階にあると考えられる。このためこのグループについてだけは、年齢を四〇歳から六九歳に限定した。この結果、対象となるサンプルは二八八五人となっている。非正規労働者階級の女性た

図表２・４　女性の所属階級と夫の所属階級

本人	夫				無配偶	合計
	資本家階級	新中間階級	労働者階級	旧中間階級		
資本家階級	① 69 (2.4%)	4 (0.1%)	3 (0.1%)	9 (0.3%)	14 (0.5%)	99 (3.4%)
新中間階級	14 (0.5%)	③ 149 (5.2%)	⑥ 109 (3.8%)	23 (0.8%)	⑦I ⑦II 149 (5.2%)	444 (15.4%)
正規労働者階級	15 (0.5%)	⑧ 89 (3.1%)	⑨ 115 (4.0%)	31 (1.1%)	⑫I ⑫II 232 (8.0%)	482 (16.7%)
非正規労働者階級（アンダークラスとパート主婦）	24 (0.8%)	⑤ 197 (6.8%)	⑩ 312 (10.8%)	⑯ 73 (2.5%)	⑬I ⑬II 243 (8.4%)	849 (29.4%)
旧中間階級	11 (0.4%)	23 (0.8%)	19 (0.7%)	⑭ 121 (4.2%)	47 (1.6%)	221 (7.7%)
無職	② 48 (1.7%)	④ 227 (7.9%)	⑪ 292 (10.1%)	⑮ 93 (3.2%)	⑰ 130 (4.5%)	790 (27.4%)
合計	181 (6.3%)	689 (23.9%)	850 (29.5%)	350 (12.1%)	815 (28.2%)	2885 (100.0%)

出典）2015年SSM調査データから算出。対象は20−69歳。

ちは、配偶者のいる六〇六人がパート主婦、無配偶の二四三人がアンダークラスである。

女性の所属階級と配偶関係

もっとも人数が多いのは、労働者階級の夫をもつパート主婦たちで、三一二人（全体に占める比率は一〇・八％）。これに労働者階級の夫をもつ専業主婦の二九二人（一〇・一％）、アンダークラス（配偶者のいない非正規労働者階級）の二四三人（八・四％）、配偶者のいない正規労働者階級の二三二人（八・〇％）、新中間階級の夫をもつ専業主婦の二二七人（七・九％）、新中間階級の夫をもつパート主婦の一九七人（六・八％）などが続く。これに対して、本人が資本家階級で、夫が他の階級に所属しているグループや、本人が旧中間階級で、夫が他の階級に所属しているグループなどは、非常に人数が少なく、事実上は分析が困難である。

そこで今回は、四八人（約一・七％）以上のデータが得られる一七のグループに注目して分析していくことにした。[12] 分析から除外されるのが、図表２・４で網掛けで示した一三のグループである。分析対象となるのは全部で二六四八人で、現代日本の女性たちを概観するには、十分な人数だといっていい。

ただし夫のいない無配偶の有職女性の場合、シングルマザーとそれ以外とでは生活水準や生活実態に大きな違いが生まれる。無配偶者には未婚者と離死別者がおり、離死別者にはかなりの数のシングルマザーが含まれ、未婚者のなかにもシングルマザーがいる。シングルマザーとそれ以外の単身女性にはかなり違いがあるので、両者は区別する必要がある。このため一七グループのうち、無配偶の新中間階級、正規労働者階級、アンダークラスは、それぞれシングルマザーとそれ以外の二つのグループに分けることとする。これらの三つはいずれも人数が多いグループなので、分割しても分析に支障はない。シングルマザーか否かは、同居している未婚の子どもがいるかどうかで判断することとする。[13]

この女性の所属階級と配偶関係を組み合わせたグループ分けは、拙著『階級社会日本』

（二〇〇一年）ではじめて提案したものだが、その際には労働者階級をひとまとまりとして扱ったので、グループの数は二五で、十分なサンプル数が得られて分析対象としたのは一三グループだった。しかしその後、非正規労働者階級の増加によってパート主婦とアンダークラスを区別する必要が生じたことから、拙著『新・日本の階級社会』（二〇一八年）ではグループの数を三〇とし、十分なサンプル数が得られた一七グループを分析対象とした。しかしその後の検討で、無配偶の有職女性ではシングルマザーとそれ以外を区別する必要があることがわかったことから、たどり着いたのが今回のグループ分けである。

したがって分析対象は全部で二〇グループになるのだが、これは数がかなり多いので、混乱を避けるため、あらかじめこれらを所属階級にもとづいて資本家階級、新中間階級、正規労働者階級、アンダークラス、旧中間階級に分けて、順番にみていくことにしよう。その際の所属階級だが、夫がいない場合と、本人がフルタイムで働いている場合は、もちろん本人の所属階級によって判断する。本人が無職またはパート主婦で夫が有職の場合は、妻の所属階級は夫の所属階級と同じだと考えることにする。そして最後に、本人が無職で夫がいない女性たちを取り上げる。図表2・4の各セルにつけられた丸数字は、取り上げる順番を示す通し番号である。無配偶の有職女性の場合は、丸数字にⅠとⅡのローマ数字を付して、シン

図表２・５　分析対象とする20のグループ

		人数	構成比
資本家階級（2グループ）			
①	資本家階級－資本家階級	69	2.4%
②	専業主婦－資本家階級	48	1.7%
新中間階級（6グループ）			
③	新中間階級－新中間階級	149	5.2%
④	専業主婦－新中間階級	227	7.9%
⑤	パート主婦－新中間階級	197	6.8%
⑥	新中間階級－労働者階級	109	3.8%
⑦Ⅰ	新中間階級・シングル	121	4.2%
⑦Ⅱ	新中間階級・シングルマザー	28	1.0%
労働者階級（6グループ）			
⑧	正規労働者階級－新中間階級	89	3.1%
⑨	正規労働者階級－労働者階級	115	4.0%
⑩	パート主婦－労働者階級	312	10.8%
⑪	専業主婦－労働者階級	292	10.1%
⑫Ⅰ	正規労働者階級・シングル	189	6.6%
⑫Ⅱ	正規労働者階級・シングルマザー	43	1.5%
アンダークラス（2グループ）			
⑬Ⅰ	アンダークラス	153	5.3%
⑬Ⅱ	アンダークラス・シングルマザー	90	3.1%
旧中間階級（3グループ）			
⑭	旧中間階級－旧中間階級	121	4.2%
⑮	専業主婦－旧中間階級	93	3.2%
⑯	パート主婦－旧中間階級	73	2.5%
無職の無配偶者			
⑰	無職・シングル	130	4.5%
その他		237	8.2%
	合計	2885	100.0%

出典）2015年SSM調査データから算出。対象は20－69歳。
注）構成比は図表２・４に示した全2885サンプルに対する比率。

グルマザーとそれ以外を区別することとする。

各グループには、ここでは仮に、本人と夫の所属階級を組み合わせた名称を割り当てておこう。これを示したのが、図表2・5である。ただしデータ分析を進めるにしたがって、各グループのイメージがはっきりしてくるので、第4章ではより具体的な名称を与えることとしたい。

---

4 生産手段には、エネルギーや情報のように無形のものも含まれるので、ここでは「物」という漢字ではなく「モノ」と表記することにした。

5 旧中間階級は、資本主義的生産様式とは相対的に独立した経済構造のもとで経済活動を行っていると考えられ、この経済構造のことを単純商品生産と呼ぶことがある。

6 近代家族には、これ以外に家族成員間の情緒的な関係、子ども中心主義などの特徴があるとされることが多いが、ここでは触れないでおく。

7 ここで注意しておきたいのは、労働者階級世帯の女性は、資本家階級からも搾取されているということである。男性労働者は資本家階級によって剰余価値を搾取されているが、この剰余価値を生み出した労働力は、女性の再生産労働によって再生産されたものだった。だから女性は、男性労働者を介して間接的に、資本家階級からも搾取されているのである。ここには二重の搾取が存在している。

8 ただしここには少数ながら、夫と妻がそれぞれ独立した事業を営んでいるケースも含まれている。

9 「はじめに」で紹介した三大都市圏調査は、大都市部を対象とした調査のため事情が異なり、役職を有する事務職の比率は、男性が四九・五％、女性が二二・三％と、男女差が小さかった。大都市部では正規雇用の女性事務職が、新中間階級的な性格を強めているのである。このため三大都市圏調査データの分析では、正規雇用の事務職をすべて新中間階級に分類することとする。

10 「世帯主」には統一された定義がないが、大部分の国の統計では「所得が最大の者」とされており、また日本でも「家計調査」では「家計費に充てるための収入を得ている人」とされている。大部分の世帯では、これは父親または夫だろう。

11 なお男性は六〇歳以上になると定年後の再就職が多くなるため、ここでの集計は配偶者の年齢を五九歳以下に限定している。

12 ちなみに無配偶の旧中間階級は四七人と人数がかなり多いが、夫と死別したのちに家業を続けている女性、未婚で飲食業などを営む女性、芸術家、デザイナー、個人教師といった専門職など、異質な人々を含んでいて、ひとつのグループとみなすことが困難である。

13 したがって、ごく少数だが既婚の子どもと同居しているケースは、シングルマザー以外のグループに分類されている。またシングルマザーのなかには、未婚の子どもがかなり年長のケースも含まれる。

第3章

女たちの経済格差

この章では、女性たちの経済状態など、基本的なデータをもとに、女性たちのなかの経済格差を概観することにする。第4章では、それぞれの女性たちの実像をリアルに再現するよう試みるが、その前提として、基本的な事実を確認することがこの章の目的である。

1 年齢

平均年齢の大きな違い

図表3・1は、各グループの平均年齢を示したものである。もっとも平均年齢が高いのは、⑰無職・シングル（六〇・六歳）である。これは、未婚で親と同居しながら結婚の機会を待っている若年女性を除外するため、最初から四〇歳未満を除外したことによる部分が大きいのだが、四〇歳未満を含めても五三・三歳と高いので、高齢の女性たち中心のグループであることに変わりはない。次いで平均年齢が高いのは、⑭旧中間階級—旧中間階級（五七・三歳）、⑮専業主婦—旧中間階級（五六・七歳）で、これは自営業者の高齢化を反映したものだろう。これに①資本家階級—資本家階級（五四・三歳）、②専業主婦—資本家階級（五三・五歳）の二つのグループが続くが、これは資本家階級が一定以上の年齢にならないと所

図表3・1　各グループの平均年齢

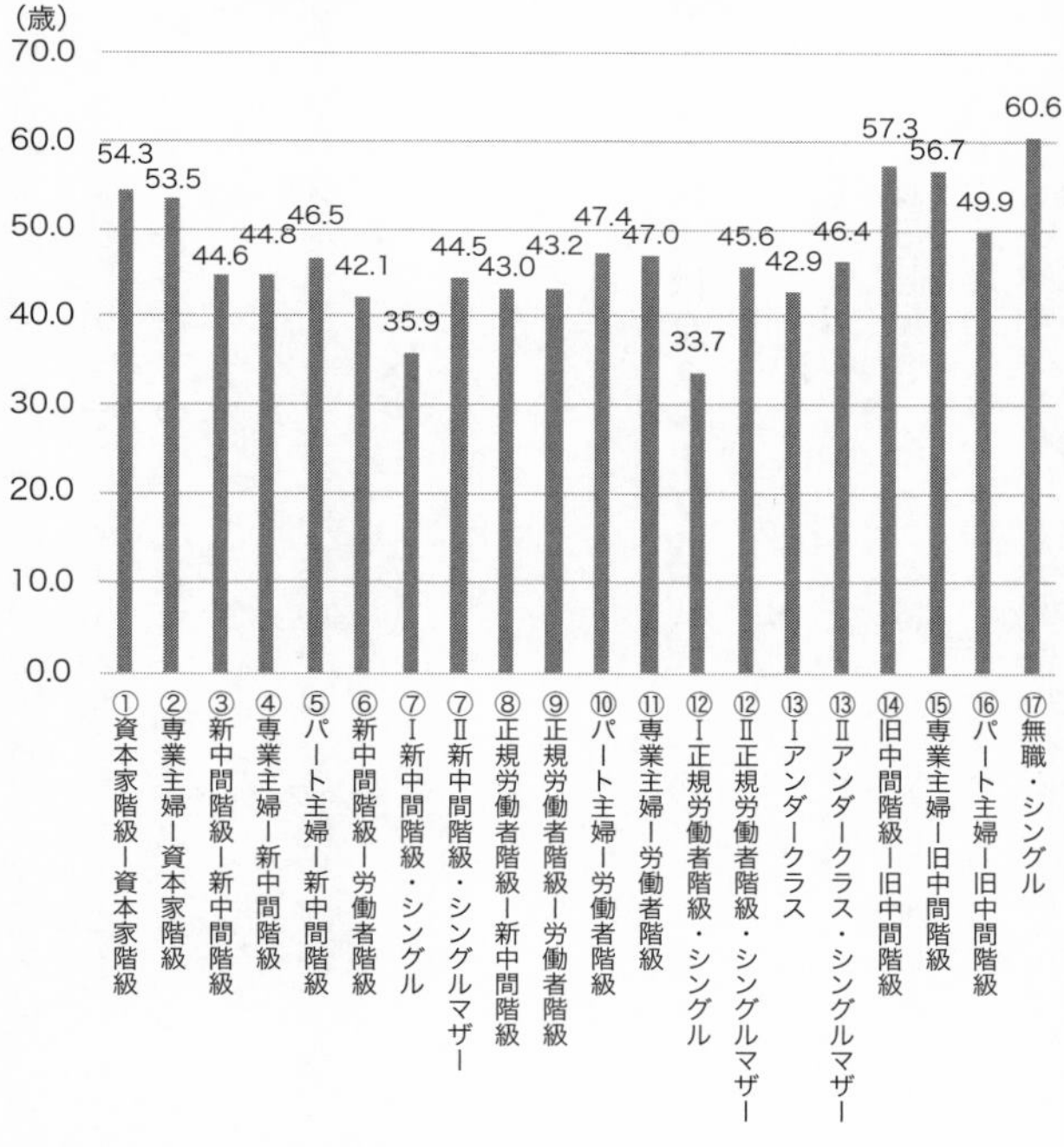

出典）2015年SSM調査データから算出。対象は20－69歳。

属することが難しい、キャリアの最後に位置する階級であることを示している。

もっとも平均年齢が低いのは⑫Ⅰ正規労働者階級・シングル（三三・七歳）、そして⑦Ⅰ新中間階級・シングル（三五・九歳）だが、これは学校を出て間もない未婚の女性たちを中心とするグループだから、当然だろう。これらのグループと同様

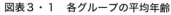

に配偶者がいないグループである⑬Ⅰアンダークラスは、四二・九歳とやや平均年齢が高いが、これは学校を出て間もない未婚の女性たちとともに、離死別を経てアンダークラスとなった人々を含むからである。これらと同じ階級に属するシングルマザーの三つのグループ、⑦Ⅱ新中間階級・シングルマザー、⑫Ⅱ正規労働者階級・シングルマザー、⑬Ⅱアンダークラス・シングルマザーは、平均年齢が四〇歳代半ばと、先の、同様に配偶者がいない三つのグループに比べて高くなっている。

2　個人年収

平均個人年収は全グループ四〇〇万円以下

図表3・2は、各グループの平均個人年収を示したものである。無職のグループにも個人収入があるが、これは生活保護などの社会保障給付と年金収入が中心である。[14] とくに高齢者が多く含まれる⑰無職・シングルは一三二万円と無職としてはかなり多く、⑮専業主婦―旧中間階級も六八万円となっている。またすでに触れたことだが、中小企業経営者の女性経営者を多く含む①資本家階級―資本家階級の平均個人年収が二九六万円と多くないこと、自営

図表３・２　各グループの平均個人年収

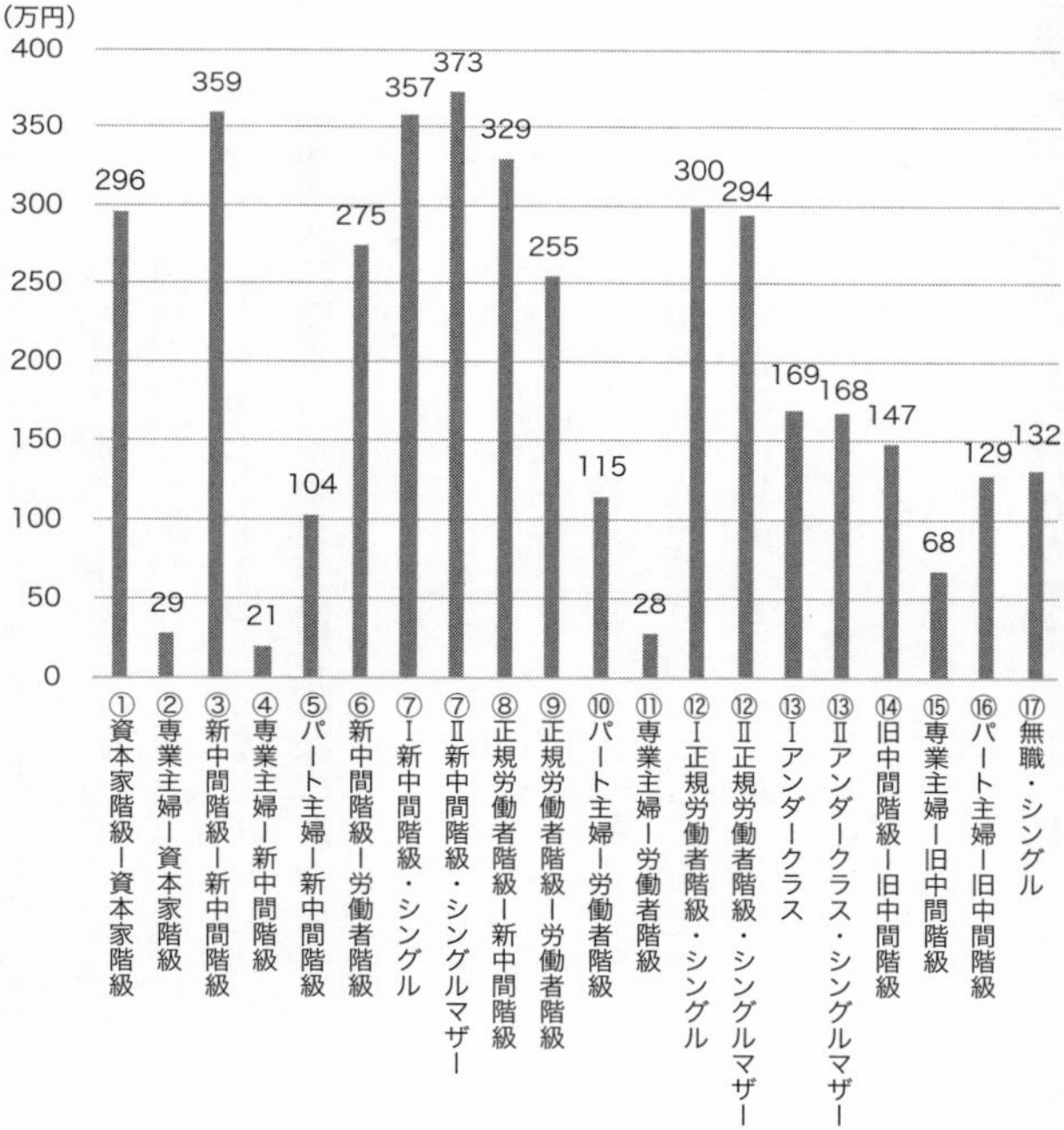

出典）2015年SSM調査データから算出。対象は20－69歳。

業の家族従業者であることが多い⑭旧中間階級―旧中間階級の平均個人年収が一四七万円と少ないことにも留意しておきたい。

　平均個人年収がもっとも多いのは⑦Ⅱ新中間階級・シングルマザーで、三七三万円となっている。平均年齢がやや高いことに加え、子育て費用を得るために多くの仕事を引き受けるということもあるのかもしれない。といってもこの金額だから、女性の個人年収の低さを思い知らされる。これに続くのは、③新中間階級―新中間階級（三五九万円）、⑦Ⅰ新中間階級・シングル（三五七万円）という新中間階級の二つのグループである。同じ新中間階級である⑥新中間階級―労働者階級が、二七五万円とやや少なくなっている理由については、次章で考えることにする。新中間階級に続くのは正規労働者階級の四つのグループで、二五〇万円から三三〇万円程度となっている。

非正規労働者である五つのグループは、いずれも個人収入が少ないが、パート主婦の三つのグループが一〇〇万円から一三〇万円程度であるのに対して、⑬Ⅰアンダークラス（一六九万円）と⑬Ⅱアンダークラス・シングルマザー（一六八万円）はやや多くなっている。これは彼女たちが主な家計の支え手であることを考えれば当然で、むしろパート主婦との差が数十万円しかないことに注目すべきかもしれない。

3 夫の年収

男性の階級格差のシンプルな構造

図表３・３　各グループの夫の平均個人年収

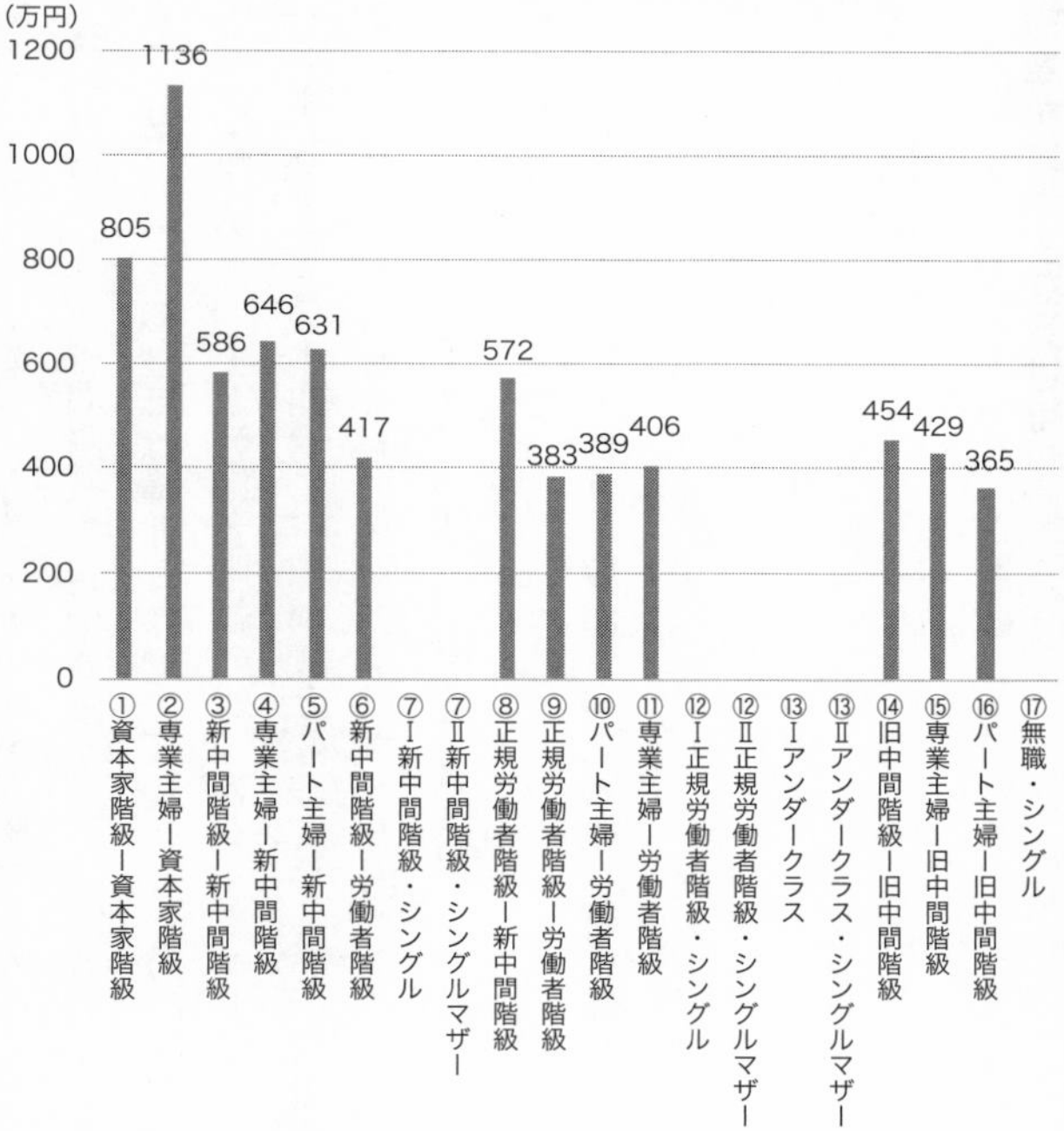

出典）2015年SSM調査データから算出。対象は20－69歳。

図表３・３は、各グループの夫の平均個人年収を示したものである。夫のいない七つのグループについては、グラフを示していない。

夫の平均個人年収がもっとも多いのは、②専業主婦―資本家階級の一一三六万円であり、次いで多いのは、①資本家階級―資本家階級（八〇五万円）となっている。これに続くのは、夫が新中間階級の四つのグループで、④専業主婦―新中間階級（六四六万円）、⑤パート主婦―新中間階級（六三二万円）、③新中間階級―新中間階級（五八六万円）、⑧正規労働者階級―新中間階級（五七二万円）となる。ほぼ横並びといっていいだろう。

これに続くのは、夫が労働者階級の四つのグループと、夫が旧中間階級の三つのグループで、いずれも三六〇―四六〇万円前後となっている。労働者階級の四つは、ほぼ横並びとみてよい。⑯パート主婦―旧中間階級は三六五万円とやや少ないが、⑭旧中間階級―旧中間階級（四五四万円）と⑮専業主婦―旧中間階級（四二九万円）は労働者階級よりわずかに多く、辛うじて中間階級らしさを示している。

全体として、夫の平均個人年収が資本家階級＞新中間階級＞旧中間階級≧労働者階級という、はっきりとした序列関係にあることがわかる。男たちの階級格差の構造は、とてもシンプルなのである。

4　世帯年収

格差が大きくなる世帯年収

図表3・4　各グループの平均世帯年収

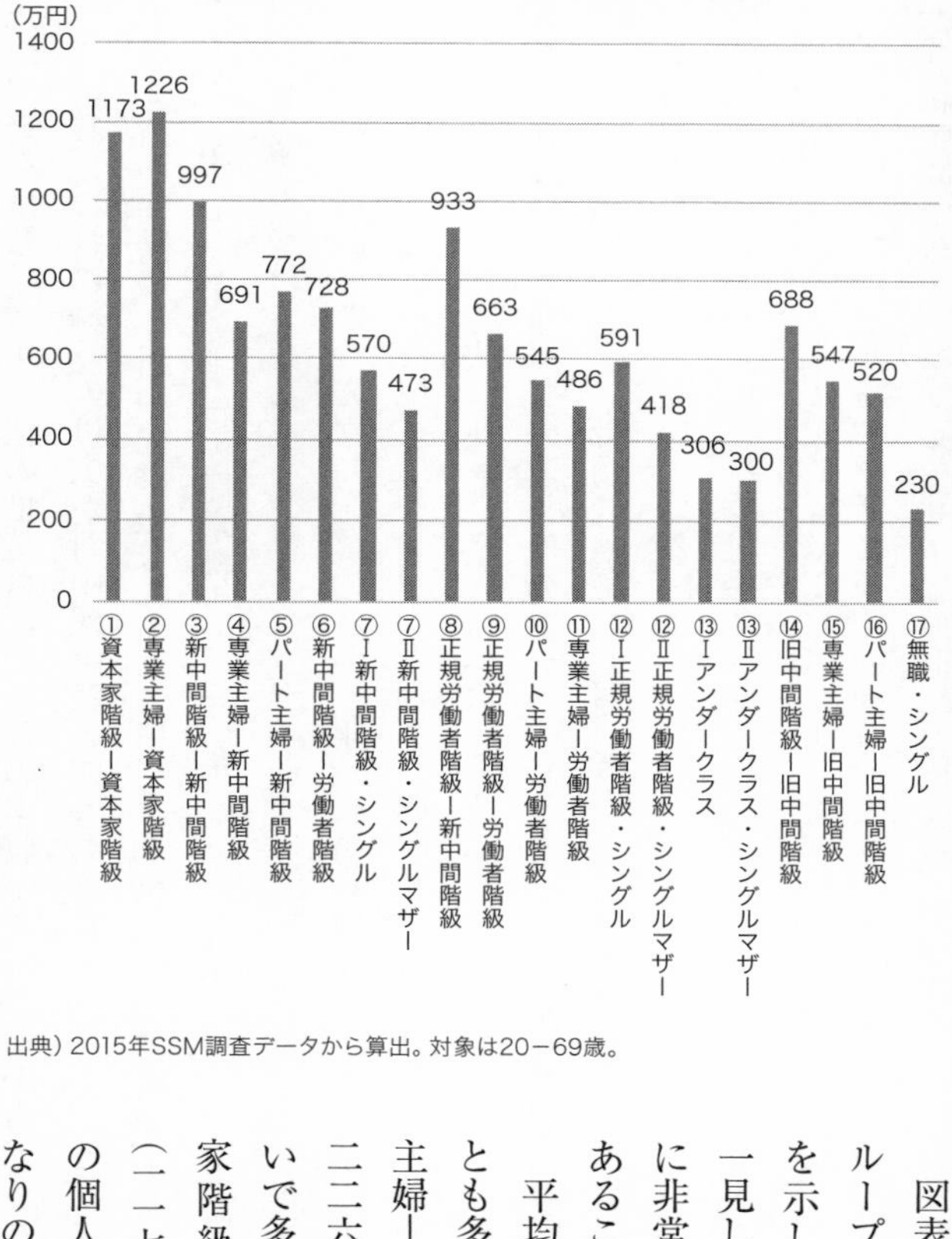

出典）2015年SSM調査データから算出。対象は20－69歳。

図表３・４は、各グループの平均世帯年収を示したものである。一見して、グループ間に非常に大きな格差があることがわかる。

平均世帯年収がもっとも多いのは、②専業主婦—資本家階級の一二二六万円である。次いで多いのは、①資本家階級—資本家階級（一一七三万円）で、夫の個人年収では②にかなりの差をつけられていたが、妻をはじめとする他の世帯員にかなりの年収があることから、ここでは差が小さくなっている。これに続くのは夫が新中間階級の四つのグループだが、妻がフルタイムで働いている③新中間階級―新中間階級（九九七万円）と⑧正規労働者階級―新中間階級（九三三万円）が、⑤パート主婦―新中間階級（七七二万円）と④専業主婦―新中間階級（六九一万円）にかなりの差をつけている。

夫が労働者階級の四つのグループのうち、平均世帯年収がもっとも多いのは⑥新中間階級―労働者階級（七二八万円）である。妻の個人年収は新中間階級としては多くなかったのだが、フルタイムで働く夫（年収四一七万円で妻より多い）の存在により、④専業主婦―新中間階級を上回る結果となっている。他の三つのグループ、⑨正規労働者階級―労働者階級（六六三万円）、⑩パート主婦―労働者階級（五四五万円）、⑪専業主婦―労働者階級（四八六万円）は、妻の稼得力の順番に続いている。

⑰無職・シングルを除いて平均世帯年収がもっとも少ないのは、⑬Ⅱアンダークラス・シングルマザー（三〇〇万円）と、⑬Ⅰアンダークラス（三〇六万円）である。とくに前者は子育てをしているわけだから、生活に多くの困難があることは容易に想像できる。これに対して⑦Ⅱ新中間階級・シングルマザー（四七三万円）と、⑫Ⅱ正規労働者階級・シングルマザ

ー（四一八万円）は、辛うじて子育てができる収入を確保しているといってよい。

夫が旧中間階級の三つのグループでは、夫婦で家業を営む⑭旧中間階級―旧中間階級が六八八万円とかなり多くなっている。注目したいのは、妻も収入を得ている⑯パート主婦―旧中間階級の平均世帯年収（五二〇万円）が、⑮専業主婦―旧中間階級（五四七万円）を下回っていることである。これは、先にみたようにこのグループの夫の個人年収が三六五万円と少ないことによるもので、旧中間階級の最下層部分ということができる。

5　月間生活費

生活費の差は最大二倍

図表3・5は、各グループの平均月間生活費を示したものである。ここで月間生活費とは、「あなたのお宅では、平均して1ヶ月あたりどれくらいの生活費の支出がありますか。特別な支出は除いてお答えください」という質問文で実額を尋ねたもので、耐久消費財の購入や旅行の費用、教育費などを含まない、ふだんの生活費と考えてよい。このため格差は、平均世帯年収の格差よりはかなり小さく、最高と最小の比は二倍程度に収まっている。

図表3・5　各グループの平均月間生活費

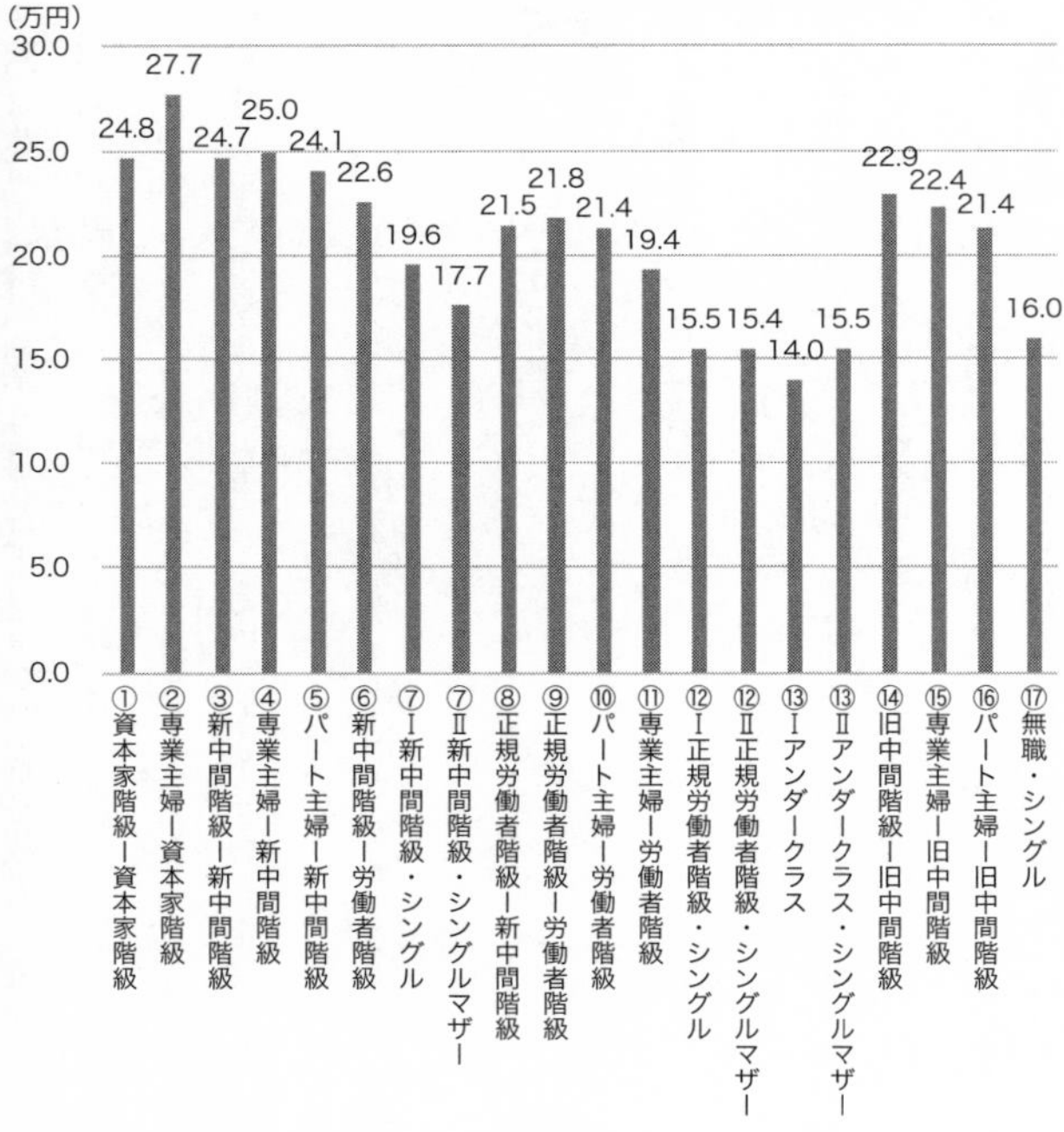

出典）2015年SSM調査データから算出。対象は20－69歳。

平均月間生活費がもっとも多いのは、②専業主婦—資本家階級（二七・七万円）で、これに続くのは、①資本家階級—資本家階級（二四・八万円）と、夫が新中間階級の三つのグループ、④専業主婦—新中間階級（二五・〇万円）、③新中間階級—新中間階級（二四・七万円）、⑤パート主婦—新中間階級（二四・一万円）である。

平均月間生活費がもっとも少ないのは、⑬Ⅰアンダークラス（一四・〇万円）で、これに⑫Ⅱ正規労働者階級・シングルマザー（一五・四万円）、⑫Ⅰ正規労働者階級・シングル（一五・五万円）、⑬Ⅱアンダークラス・シングルマザー（一五・五万円）が続いている。この四つのグループの平均月間生活費は、年金生活者の多い⑰無職・シングル（一六・〇万円）をも下回っている。

6　貧困率

アンダークラス・シングルマザーの六割が貧困

図表３・６は、各グループの貧困率を示したものである。ここで貧困率は貧困状態にあると考えられる人の比率で、ある人が貧困かどうかは、世帯年収をもとに判定される。ただし世帯年収が同じでも、生活程度は同居している世帯員の数によって違う。このため一般に、まず世帯年収を同居世帯員数によって調整してから、この額が貧困線と呼ばれる一定基準を下回っている人の比率を貧困率と呼んでいる[15]。

一見してわかるように、貧困率はグループによってまったく異なる。夫が資本家階級であ

図表３・６　各グループの貧困率

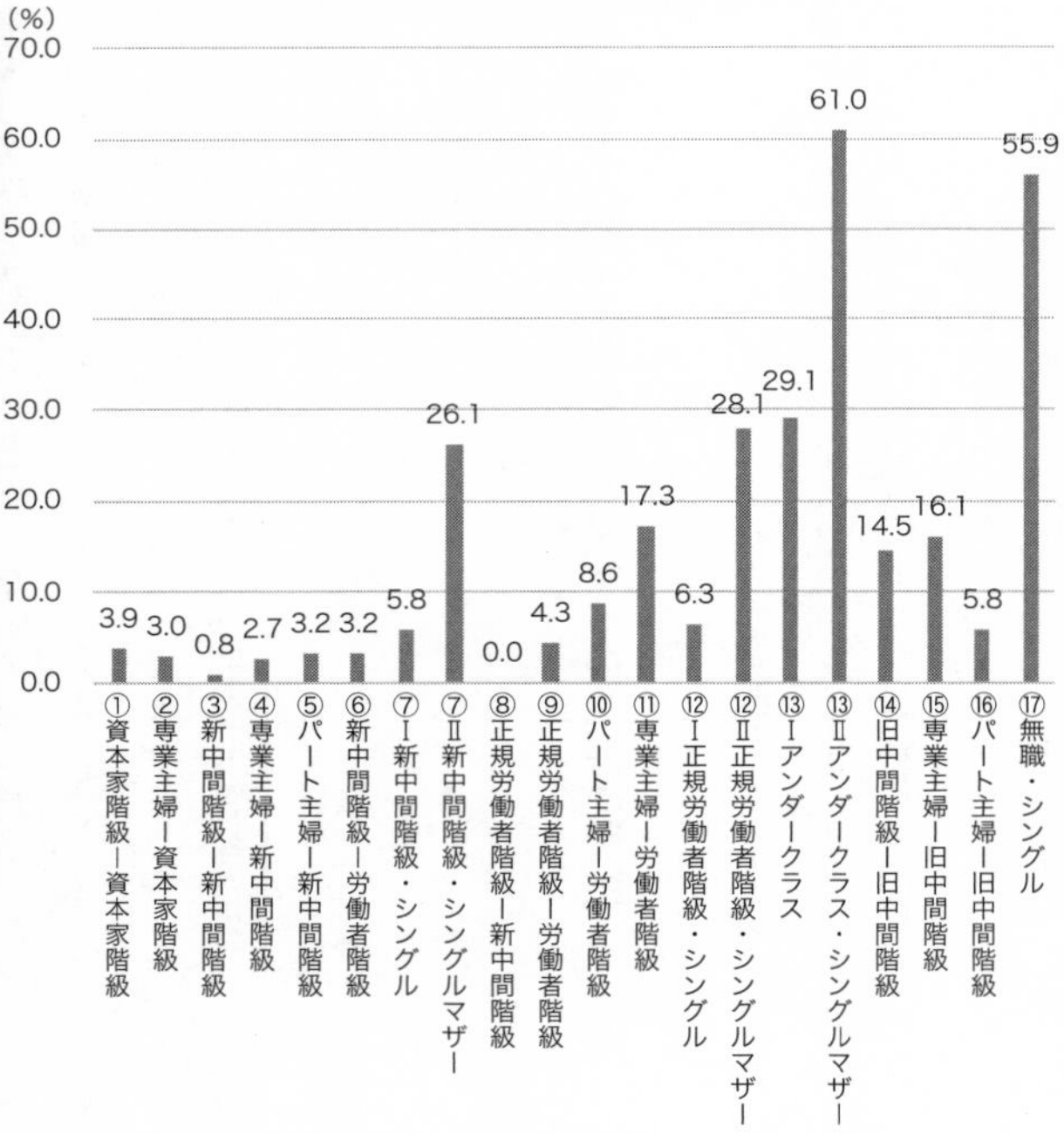

出典）2015年SSM調査データから算出。対象は20−69歳。

る二つのグループ、夫が新中間階級である四つのグループでは、貧困率が〇％から三％台となっており、これらは事実上、貧困とは無縁のグループとみることができる。夫が労働者階級でも、妻が働いている場合には貧困率が三％台から八％台と低く、⑪専業主婦—労働者階級だけが、一七・三％と高くなっている。

これに対してもっとも貧困率が高いのは⑬Ⅱアンダークラス・シングルマザーで、実に六一・〇％にも達している。次いで高いのは、高齢のひとり暮らし女性を多く含む⑰無職・シングル（五五・九％）だが、これに⑬Ⅰアンダークラス（二九・一％）、⑫Ⅱ正規労働者階級・シングルマザー（二八・一％）と、⑦Ⅱ新中間階級・シングルマザー（二六・一％）が続いている。平均世帯年収がかなり多かった旧中間階級の二つのグループ、⑮専業主婦―旧中間階級（一六・一％）、⑭旧中間階級―旧中間階級（一四・五％）もやや高くなっているが、これは旧中間階級の世帯年収が、経営状態によって富裕層から貧困層にまで幅広く分布していることによるものである。

7　資産総額

一〇倍以上の格差

図表3・7は、各グループの平均資産総額を示したものである。ここで資産総額は、生計をともにしている家族で所有している金融資産（預貯金や株式）と不動産について、それぞれ時価総額を回答してもらい、これを合計したものである。

図表3・7　各グループの平均資産総額

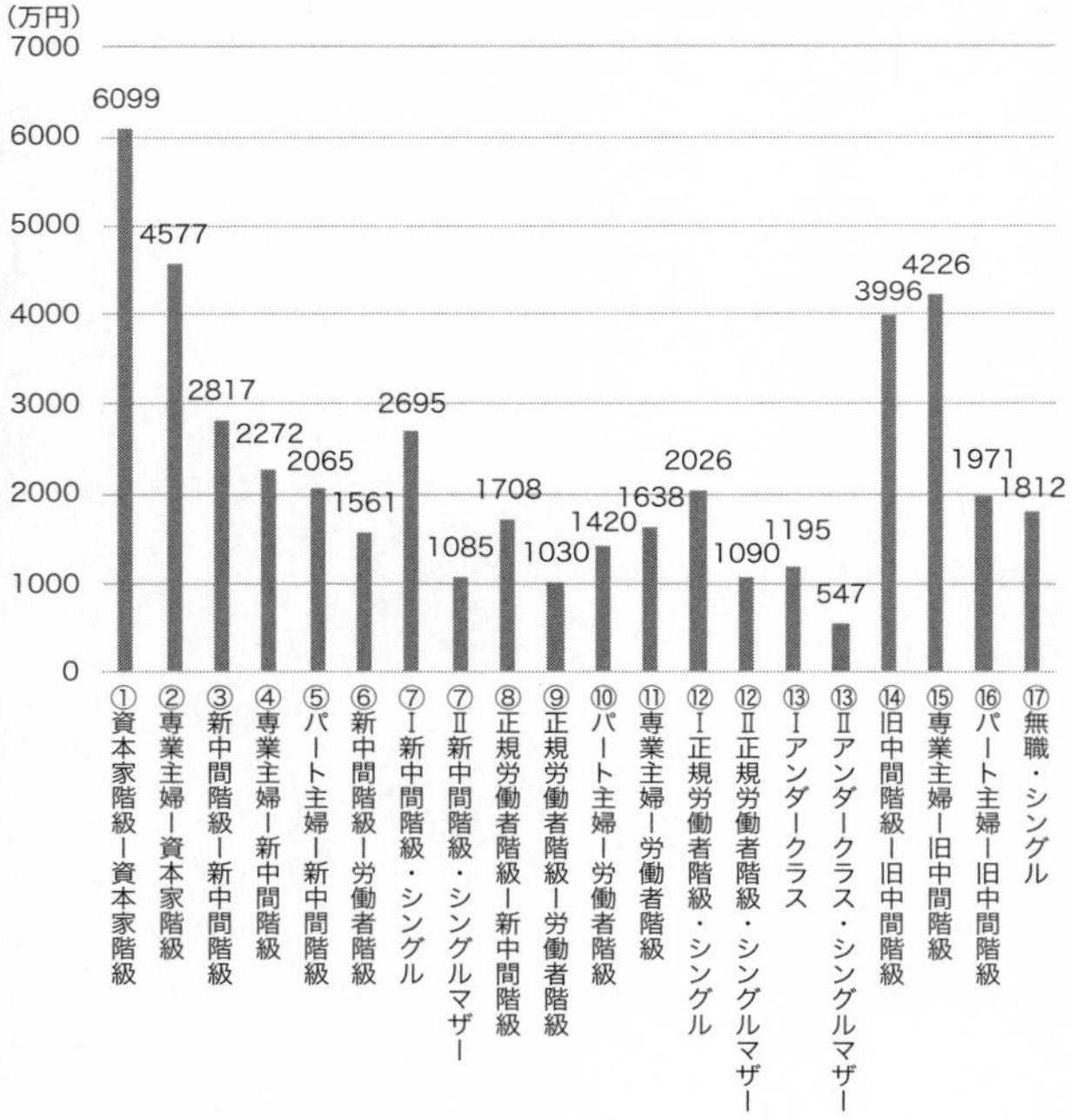

出典）2015年SSM調査データから算出。対象は20－69歳。

当然ながら、資産総額にはきわめて大きな格差がある。もっとも平均資産総額が多いのは①資本家階級―資本家階級で、六〇九九万円となっている。これらの人々が、家業として一定規模以上の事業を営む経営者であることを考えれば当然だろう。次いで多いのは、②専業主婦―資本家階級（四五七七万円）だが、これに僅差で、⑮

専業主婦―旧中間階級（四二二六万円）、⑭旧中間階級―旧中間階級（三九九六万円）が続いている。これらの人々も、規模は小さいとはいえ事業を営む人々だから、当然の結果といえる。これに対して同じ旧中間階級でも、⑯パート主婦―旧中間階級は一九七一万円と、新中間階級世帯並み、あるいはそれ以下となっているが、この理由については次章で考えることにしたい。次いで平均資産総額が多いのは、女性本人が新中間階級の③新中間階級―新中間階級（二八一七万円）、⑦Ｉ新中間階級・シングル（二六九五万円）となっている。

平均資産総額がもっとも少ないのは⑬Ⅱアンダークラス・シングルマザーで、わずか五四七万円だった。これに続くのは、⑨正規労働者階級―労働者階級（一〇三〇万円）、⑦Ⅱ新中間階級・シングルマザー（一〇八五万円）、⑫Ⅱ正規労働者階級・シングルマザー（一〇九〇万円）などとなっている。

8　大卒者比率

相対的に学歴が低いシングルマザー

最後に、経済格差の最大の背景のひとつである、大卒者比率についてみていこう。

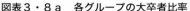

図表3・8a　各グループの大卒者比率

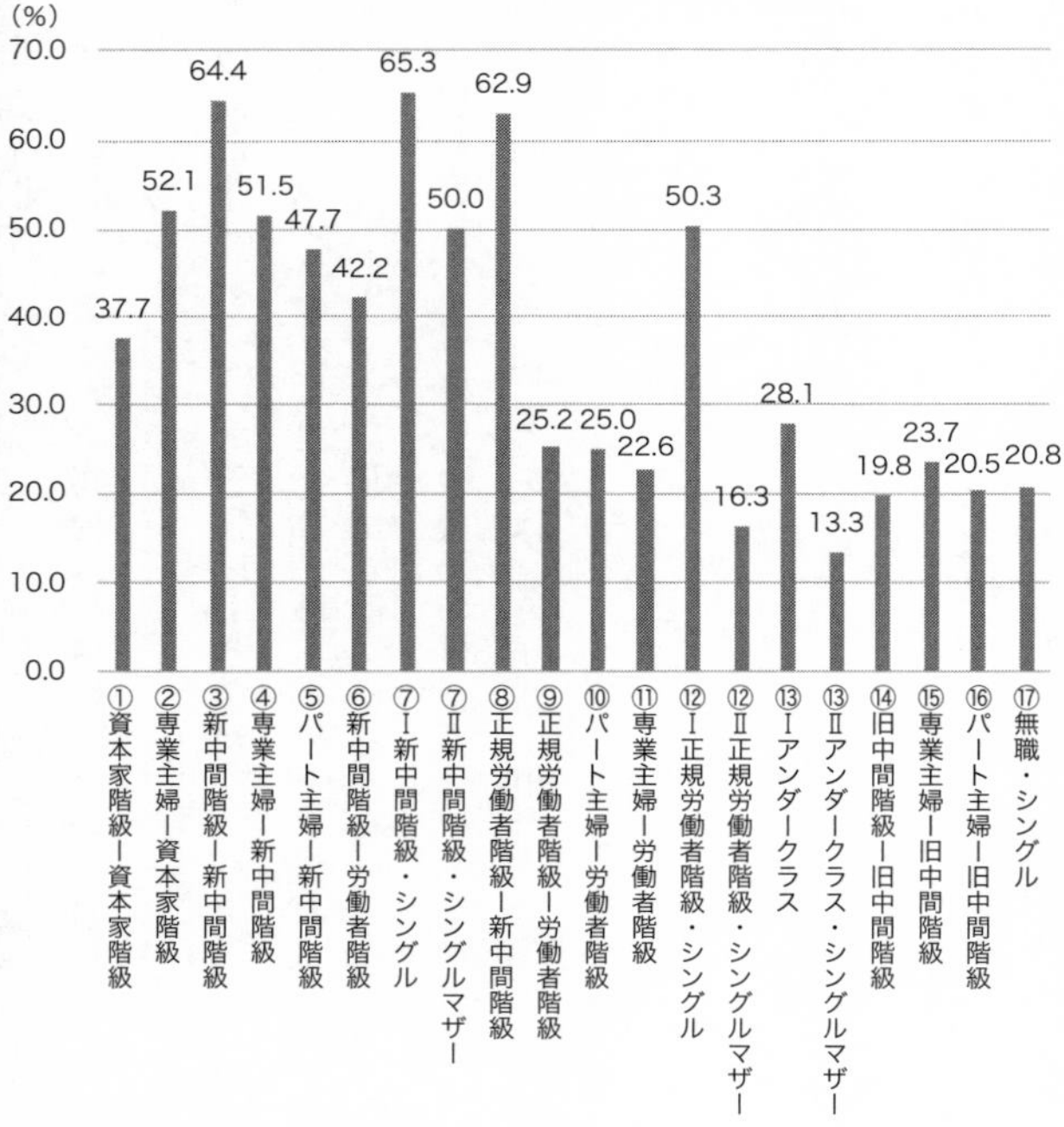

出典）2015年SSM調査データから算出。対象は20－69歳。

図表3・8aは、本人の大卒者比率、図表3・8bは夫の大卒者比率である。[16] ここでは大卒者に、四年制大学・短期大学・高等専門学校の卒業者を含めている。

もっとも本人の大卒者比率が高いのは、本人が新中間階級の二つのグループ、⑦Ⅰ新中間階級・シングル（六五・三％）、③新中間階級―新中間階級（六

図表3・8b　各グループの夫の大卒者比率

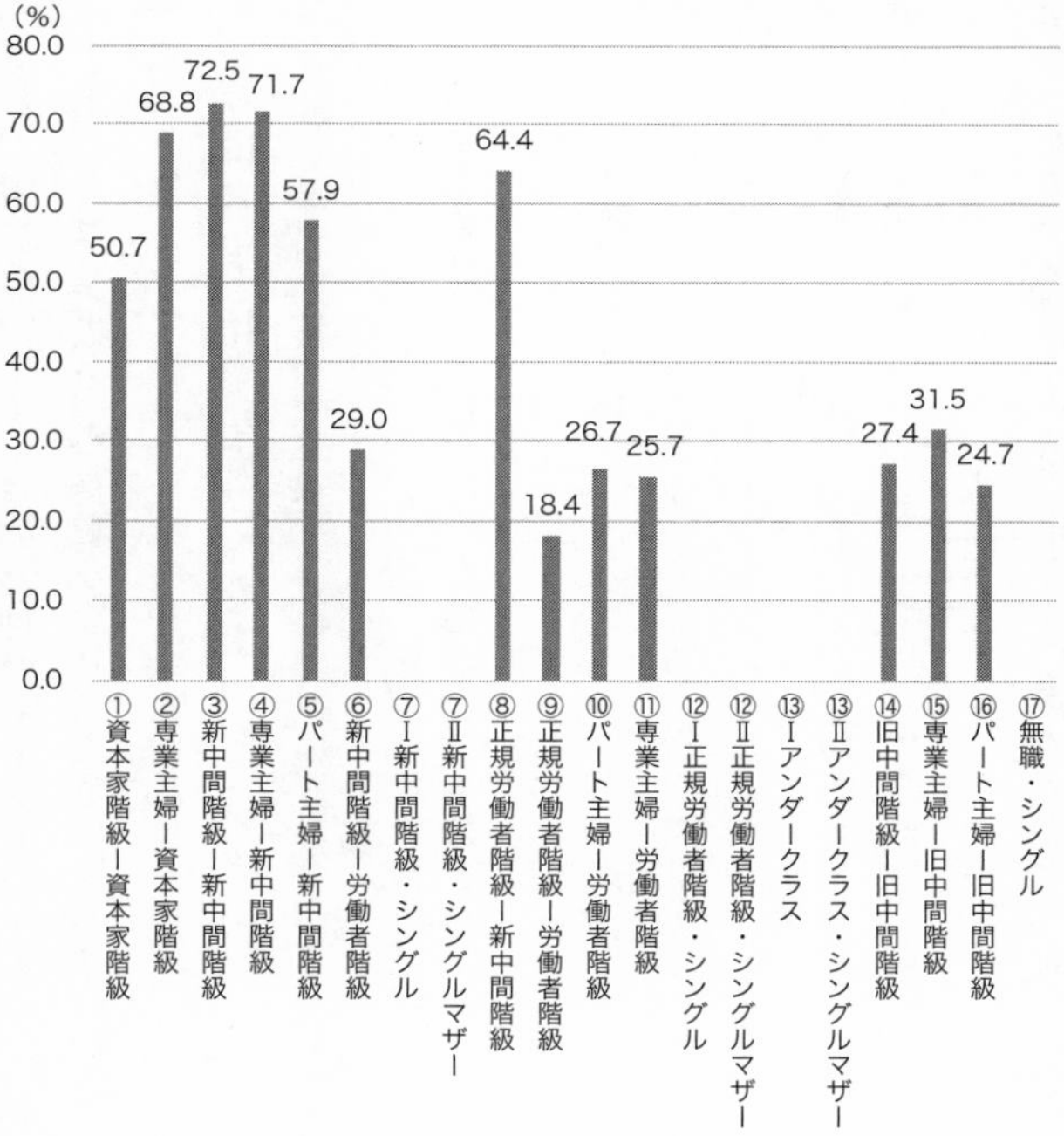

出典）2015年SSM調査データから算出。対象は20－69歳。

四・四%）だが、これらの女性たちが専門職・管理職であることを考えれば、当然といえる。これに続くのは、意外にも本人が正規労働者階級の⑧正規労働者階級―新中間階級（六二・九%）となっている。詳しくは次章でみることにするが、その理由はこのグループの夫の大卒者比率が六四・四%と高くなっていることからうかがえる。実はこのグループの女性たちの多くは、正規労働者階級とはいえ事務職であり、大学を出たあとで企業の事務職となり、大卒男性の多い職場で働いてきたのである。⑫Ⅰ正規労働者階級・シングルの大卒者比率が五〇・三％と高いのも、同様の理由と考えられる。同じように大卒者比率が五〇％を上回っているのは、②専業主婦―資本家階級（五二・一％）、④専業主婦―新中間階級（五一・五％）だが、これら二つのグループでは、夫の大卒者比率が六八・八％、七一・七％と高くなっている。高学歴ゆえに資本家階級もしくは新中間階級と結婚する機会を得た女性たちが多いものと考えられる。

大卒者比率がもっとも低いのは、⑬Ⅱアンダークラス・シングルマザー（一三・三％）、次いで⑫Ⅱ正規労働者階級・シングルマザー（一六・三％）だった。⑦Ⅱ新中間階級・シングルマザーは、大卒者比率が五〇・〇％と新中間階級にしては低くなっている。シングルマザーは相対的に学歴が低い傾向があるようだ。

夫の大卒者比率がもっとも高いのは、③新中間階級―新中間階級の七二・五％で、これに④専業主婦―新中間階級（七一・七％）が続いている。夫が労働者階級または旧中間階級の七つのグループでは、夫の大卒者比率が一〇％台後半から三〇％前後と低くなっている。大部分のグループでは、夫の大卒者比率が本人の大卒者比率を上回っているのだが、二つだけ例外があり、それは⑥新中間階級—労働者階級（夫二九・〇％、本人四二・二％）と、⑨正規労働者階級—労働者階級（夫一八・四％、本人二五・二％）である。これらがどのようなカップルなのかについて、次章で考えることにしよう。

図表３・補は、以上の数字を一枚の表にまとめたものである。わかりやすくするため各指標について、上位五番目までの数字は太字とし、下位五番目までの数字には下線を付しておいた（夫に関する指標ではそれぞれ三番目まで）。これを一望すると、これら二〇のグループがきわめて異質なグループであり、現代日本の女性たちが多様な類型の人々から構成されているということがよくわかる。それでは次章で、各階級・各グループの女性たちについて、さまざまな観点から検討していくことにしよう。

	平均 世帯年収 （万円）	平均 月間生活費 （万円）	貧困率 （%）	平均 資産総額 （万円）	大卒者 比率 （%）	夫の大卒者 比率 （%）
	1173	**24.8**	3.9	**6099**	37.7	50.7
	1226	**27.7**	3.0	**4577**	**52.1**	**68.8**
	997	**24.7**	0.8	**2817**	**64.4**	**72.5**
	691	**25.0**	2.7	2272	**51.5**	**71.7**
	772	**24.1**	3.2	2065	47.7	57.9
	728	22.6	3.2	1561	42.2	29.0
	570	19.6	5.8	2695	**65.3**	–
	473	17.7	**26.1**	1085	50.0	–
	933	21.5	0.0	1708	**62.9**	64.4
	663	21.8	4.3	1030	25.2	18.4
	545	21.4	8.6	1420	25.0	26.7
	486	19.4	17.3	1638	22.6	25.7
	591	15.5	6.3	2026	50.3	–
	418	15.4	**28.1**	1090	16.3	–
	306	14.0	**29.1**	1195	28.1	–
	300	15.5	**61.0**	547	13.3	–
	688	22.9	14.5	**3996**	19.8	27.4
	547	22.4	16.1	**4226**	23.7	31.5
	520	21.4	5.8	1971	20.5	24.7
	230	16.0	**55.9**	1812	20.8	–
	630	20.9	12.7	2100	36.7	42.4

図表３・補　各グループの基本属性（まとめ）

本人の所属階級－夫の所属階級		平均年齢	平均個人年収	平均夫年収
		（歳）	（万円）	（万円）
資本家階級(2グループ)				
①	資本家階級－資本家階級	**54.3**	296	**805**
②	専業主婦－資本家階級	**53.5**	29	**1136**
新中間階級(6グループ)				
③	新中間階級－新中間階級	44.6	**359**	586
④	専業主婦－新中間階級	44.8	21	**646**
⑤	パート主婦－新中間階級	46.5	104	631
⑥	新中間階級－労働者階級	42.1	275	417
⑦I	新中間階級・シングル	35.9	**357**	－
⑦II	新中間階級・シングルマザー	44.5	**373**	－
労働者階級(6グループ)				
⑧	正規労働者階級－新中間階級	43.0	**329**	572
⑨	正規労働者階級－労働者階級	43.2	255	383
⑩	パート主婦－労働者階級	47.4	115	389
⑪	専業主婦－労働者階級	47.0	28	406
⑫I	正規労働者階級・シングル	33.7	**300**	－
⑫II	正規労働者階級・シングルマザー	45.6	294	－
アンダークラス(2グループ)				
⑬I	アンダークラス	42.9	169	－
⑬II	アンダークラス・シングルマザー	46.4	168	－
旧中間階級(3グループ)				
⑭	旧中間階級－旧中間階級	**57.3**	147	454
⑮	専業主婦－旧中間階級	**56.7**	68	429
⑯	パート主婦－旧中間階級	49.9	129	365
無職の無配偶者				
⑰	無職・シングル	**60.6**	132	－
	全体	46.3	168	510

出典）2015年SSM調査データより算出。20－69歳。

注）各グループ中、上位5つは**太字**とし、下位5つに下線を付した。ただし夫に関する指標については上位・下位各々に3つとした。また、平均個人年収については専業主婦および無職・シングルをランキングから除外している。

14　これには調査技術上の理由もある。一般的な社会調査では、調査が実施された前年の収入を尋ねるので、現在は無職でも昨年働いていた人は、相当額の個人年収を回答するのである。

15　世帯年収を調整する方法としては、一般に世帯年収を同居世帯員数の平方根で割るという方法が使われており、調整後の値は等価所得と呼ばれる。また貧困線としては、等価所得の中央値の二分の一が用いられることが多い。ただし近年、多くの社会調査では世帯年収を答えない人が増えており、しかも高所得者とみられる人で無回答が多くなっている。このため単純に等価所得中央値の二分の一を貧困線にすると、貧困線が非常に低くなり、貧困率が非現実的に低くなってしまう。このためここでは、就業構造基本調査の個票データから算出した一六〇・六万円を貧困線としている。

16　ただし、ここでいう大卒者には中退者も含まれているので、正確には大学在学経験者だが、煩雑になるのを避けるため大卒者と表記しておく。

第4章

階級社会の女たち

この章では、図表2・5に示した二〇グループの女性たちについて、その特徴を詳しくみていくことにする。SSM調査には、学歴、職業、収入、資産、家族構成などの基本変数の他、生活時間、生活習慣や健康状態、社会的活動への参加状況や消費行動、政治意識、格差に対する意識など、さまざまな設問が盛り込まれているから、各グループの特徴を多面的に明らかにすることができる。煩雑になるのを避けるため、各グループについて論じるところでは、必要最低限のデータをまとめた簡単な表を示すにとどめ、詳細な集計表は章末にまとめておいた[17]。ただし本文中では必要に応じて、図表を載せきれない詳細な集計の結果も用いている。

1　資本家階級の女たち

資本家階級の女たちは、①資本家階級―資本家階級、②専業主婦―資本家階級の二グループである。特徴をみていくうちに次第に明らかになるが、それぞれ「中小企業のおかみさんたち」「経営者の妻たち」と名づけることができる。

①資本家階級―資本家階級グループ［中小企業のおかみさんたち］

彼女らは、夫とともに企業を経営する女性たちである。平均年齢は五四・三歳で、全グループ中で四番目に高い。個人年収は二九六万円だから多いとはいえないが、世帯年収は一一七三万円で、次に取り上げる「経営者の妻たち」に次いで多く、三番目以下を引き離している。資産総額は六〇九九万円で、二番目に多い「経営者の妻たち」を一五〇〇万円以上も引き離している。しかし企業規模が小さく、生活満足度や階層帰属意識などにおいて、次に取り上げる「経営者の妻たち」に大きく後れをとっており、文字通りの特権階級とはいえない。彼女らの実態にふさわしいのは「中小企業のおかみさんたち」という表現だろう。

事業の内容で多いのは、小売業（二七・四％）、医療業（一四・五％）、建設業（一三・〇％）、飲食店（一一・六％）など、中小企業の多い業種が並んでいる。従業員数は、五―九人が四九・三％、一〇―二九人が三六・二％、三〇―九九人が一四・五％で、一〇〇人以上は一人もいなかった。中小企業は従業員数だけで定義されるわけではないので一概にはいえないが、ほぼ全員が中小企業経営者ということになる。

その豊かさは、まずさまざまな家財・家産の所有率に示される。全グループ中でもっとも

「中小企業のおかみさんたち」の特徴

豊かでコンサバ、自民党の応援団。多くが「玉の輿」だが、一部には苦労人も。

		全グループ中の順位
世帯年収	1173万円	2位
資産総額	6099万円	1位
従業員規模5-29人	85.5%	2位
スポーツ会員権所有率	29.4%	1位
美術品・骨董品所有率	39.7%	1位
株券・債券所有率	51.5%	1位
国産の牛肉や野菜を選んで買う	63.2%	2位
クラシック音楽のコンサートへ行く	23.9%	2位
自民党支持率	42.4%	1位
政治活動や選挙活動の支援	36.7%	1位
競争で貧富の差がついてもしかたがない	57.6%	1位

所有率が高いのは、スポーツ会員権（二九・四％）、美術品・骨董品（三九・七％）、株券・債券（五一・五％）、別荘（八・八％）などで、これらはいずれも二番目以下を大きく引き離している。文学全集・図鑑の所有率も五二・九％と群を抜いて高いが、現代において文学全集を所有することは、必ずしも教養の高さや趣味の良さを示すわけではないので、あるいはこれは居間の飾りのような扱いを受けているのかもしれない。実際、この女性たちでは「小説や歴史などの本を読む」という人の比率が四一・八％と、全グループ中でもっとも高いのだが、文学全集・図鑑の所有の有無と「小説や歴史などの本を読む」頻度との間には、統計的に有意な差がみられなかった。ちなみに「図書館に行く」

PHP新書

PHP研究所

道

自分には　自分に与えられた道がある
天与の尊い道がある
広い時もある　せまい時もある
のぼりもあれば　くだりもある
思案にあまる時もあろう
しかし**心**を定め　希望をもって歩むならば
必ず道はひらけてくる
深い喜びも　そこから生まれてくる

松下幸之助

という人の比率は七・四％と全グループ中で最低なので、本は自分で買って読むというのが、これらの女性たちの常であるようだ。

消費行動にも、その豊かさはあらわれる。「国産の牛肉や野菜を選んで買っている」という人の比率は六三・二％、「クラシック音楽のコンサートへ行く」という人の比率も二三・九％で、いずれも全グループ中で二番目に高い。ただし「クレジットカードで買い物をする」や「インターネットで買い物や予約をする」という人の比率は平均よりやや高い程度で、商店へ足を運んで現金で買い物をするという、伝統的な買い物スタイルを守る人が多いようである。

収入以上に家業への貢献に満足

そもそも彼女たちは、なぜ資本家階級になることができたのか。その主要な理由は、結婚したときすでに、夫が資本家階級だったからである。結婚した時点で夫が資本家階級だった人の比率は、四四・八％とずば抜けて高い。そして彼女たちが現在の職についたきっかけをみると、七七・九％までが「家業を継いだ・家業に入った」と答えている。また彼女たちの夫の父親の所属階級をみると、二九・五％が資本家階級、五二・三％が旧中間階級であり、親から会社を引き継ぐか、自分で親の商売を拡大して経営者になったことがうかがえる。つまり彼女らは、中小零細企業の経営者として、あるいはそのあと継ぎとして、将来が約束された男性と結婚し、その仕事を手伝うようになったのである。ただし、夫の結婚当時の所属階級で二番目に多いのが労働者階級（二八・四％）であることも注目に値する。その多くは、結婚後に夫が独立して事業を始め、夫婦で力を合わせて苦労しながら、今日の地位を築いてきたのだろう。

家族構成をみると、夫の親と同居する人の比率が一七・四％、有配偶の子どもと同居する人の比率が一一・六％といずれも高く、前者は全グループ中で二番目、後者は一番目である。彼女らの仕事が複数の世代を動員した家業としての性格が強いことを物語る。

仕事の内容に満足している人の比率は四三・五％、仕事による収入に満足している人の比率は四二・〇％で、それぞれ職業をもつ一五グループ中で三番目と一番目に高いから、職業をもつ女性としてはかなり恵まれているといっていいだろう。個人収入がさほど高くないのに満足している人が多いのは、家業という性質上、自分の収入と世帯収入をあまり区別していないからと思われる。

しかし生活に満足する人の比率（五五・一％）や、自分を「人並みより上」と考える人の比率（六八・一％）をみると、いずれも全グループ中で二番目に高いとはいっても、いちばん高い「経営者の妻たち」（それぞれ六四・六％、七四・五％）にかなり後れをとっている。なにしろ「経営者の妻たち」の夫の就業先をみると、二九人以下の小零細企業は三五・四％に過ぎず、三〇―二九九人が三七・五％、三〇〇人以上が二五・〇％だからかなり差がある。

政党支持には、著しい特徴がある。自民党支持率が四二・四％と、全グループ中で最高なのである。ちなみに妻が資本家階級である資本家階級男性の自民党支持も、やはり五二・三％と高い。彼女たちとその夫たちが、自民党の強固な支持基盤であることがわかる。ところが日本維新の会の支持率も、九・一％と全グループ中で最高である。要するに保守思想の持ち主なのだろう。しかも支持するだけではなくアクティブでもあるようで、選挙での投票を「いつもしている」という人は六三・二％、「政治活動や選挙運動の支援」をしているという人（「いつも」「よく」「ときどき」の合計）は三六・七％で、いずれも全グループ中でもっとも多い。彼女たちの夫では、この比率は七五・〇％、四〇・九％に達している。

その保守的な性格は、格差に対する考え方にもあらわれる。「チャンスが平等にあたえられるなら、競争で貧富の差がついてもしかたがない」と考える人の比率は五七・六％、「今後、日本で格差が広がってもかまわない」と考える人の比率は二九・四%と、いずれも全グループ中でもっとも高く、反対に「富む者と貧しい者とのあいだの所得の格差を小さくすべきだ」と考える人の比率は五〇・八%で、全グループ中で二番目に低い。保守的な性格は、性役割意識にもあらわれる。「男性は外で働き女性は家庭を守るべき」と考える人の比率は二九・四%で、職業をもつ女性のグループとしてはもっとも高く、「家事や育児には男性より女性が向いている」と考える人の比率は五二・二%で、職業をもつ女性のグループとしては二番目に高い。

職業をもち、高い生活水準を維持しながらも、伝統的な性役割意識を保持し、政治的にも保守的な女性たちだということができる。

②専業主婦―資本家階級グループ［経営者の妻たち］

彼女らは、企業経営に関わる夫をもつ専業主婦、つまり「経営者の妻たち」である。平均年齢は五三・五歳。何よりも特徴的なのは、夫の個人年収が一一三六万円と全グループ中でずば抜けて多く、世帯年収も一二二六万円でやはり最高だという点である。「中小企業のおかみさんたち」より夫の個人年収・世帯年収とも高いのは、先にみたように、企業規模が大

「経営者の妻たち」の特徴

「男は仕事、女は家庭」で経営者の夫を支え、子どもの教育に熱心。豊かで満ち足りた女たち。

		全グループ中の順位
平均世帯年収	1226万円	1位
夫の平均個人年収	1136万円	1位
塾やおけいこ事への支出	月41000円	1位
国産の牛肉や野菜を選んで買う	66.7%	1位
健康に気をつけて食事をしている	39.1%	1位
生活に満足している	64.6%	1位
自分は「人並みより上」	74.5%	1位
自分は幸福	78.3%	2位
健康状態がよい	52.2%	1位
自民党支持率	37.0%	2位
男は仕事、女は家庭	39.5%	1位

きいことによる部分が大きい。高等教育を受けた夫の比率は、六八・八％と高い。結婚時の夫の所属階級をみると、資本家階級の比率は二一・三％と「中小企業のおかみさんたち」よりかなり低く、新中間階級が三八・三％と高くなっている。結婚後に、企業内キャリアを通じて資本家階級に上昇移動した、サラリーマン型の夫がかなり含まれるということになる。そのため、資産総額は四五七七万円で、きわだって多いというわけではない。ただし企業規模二九人以下も三五・四％おり、また結婚時に労働者階級だった夫の比率も三六・二％と高い。夫のかなりの部分が中小企業経営者で、しかも労働者階級から上昇移動を果たしているという点では、「中小企

業のおかみさんたち」と階層的に重なる部分も多いものとみられる。

多くの家財・家産を所有しているが、スポーツ会員権（二〇・〇％）、美術品・骨董品は（二〇・〇％）、株券・債券（三七・八％）など、「中小企業のおかみさんたち」に次いで所有率が二番目とはいえ、かなり引き離されているものが目立つ。消費行動にはその豊かさが反映されており、「国産の牛肉や野菜を選んで買っている」という人の比率は六六・七％と全グループ中でもっとも高く、「無農薬や有機栽培の野菜、無添加の食品を購入している」という人の比率は一八・二％と三番目に高い。また「健康に気をつけて食事をしている」という人の比率は三九・一％ともっとも高く、二番目以下に大差をつけている。このことはもちろん、夫の健康に気をつけて食事を作っていることも意味するはずである。文化的な活動に親しむ人の比率が全体に高く、「クラシック音楽のコンサートへ行く」という人の比率は二六・七％と全グループ中でもっとも高く、「美術館や博物館に行く」という人の比率も三七・八％で三番目に高い。

生活に満足している人の比率は六四・六％で、全グループ中唯一、六割を超えている。自分を「人並みより上」と考える比率も七四・五％と二位以下を大きく引き離しており、自分を幸福だと考える人の比率は七八・三％と二番目に高い。「健康状態がよい」という人の比率は五二・二％でもっとも高く、抑うつ傾向の疑いがある人の比率は一〇・九％で三番目に低い。健康に気をつけているらしいことは、「タバコをよく吸う」がわずか二・二％と最低であるところにもあらわれている。

保守的傾向がありつつ格差拡大には反対

性役割や性規範に関しては、きわめて保守的である。「男性は外で働き女性は家庭を守るべき」「男の子と女の子は違った育て方をすべき」「家事や育児には男性より女性が向いている」という考えを支持する人の比率は、それぞれ三九・五％、四四・二％、七一・一％で、いずれも全グループ中でもっとも高くなっている。「同性どうしが愛しあってもよい」「結婚しても必ずしも子どもを持つ必要はない」という考えを支持する人の比率も、それぞれ四六・四％、四〇・〇％と最低レベルで、他の専業主婦グループの多くと比べても、かなり低い。

子どもの進学にきわめて熱心なのが特徴で、七三・四％が「子どもにはできるだけ高い教育を受けさせるのがよい」と、四一・四％が「子どもには学校教育のほかに家庭教師をつけたり塾に通わせた方がよい」と考えている。これらの数字は全グループ中で最高というわけではないが、かなり高い部類に属しており、小・中・高校生の子どもをもつ人のうち塾やおけいこ事など学校外教育に投じている費用の平均月額は四万一〇〇〇円と、他を大きく引き離して最高である。

政治意識をみると、自民党支持が三七・〇％で、「中小企業のおかみさんたち」に次いで高いが、他の政党を支持する人は少なく、支持政党なしが五六・五％に上っている。政治的にアクティブであるとはいえず、「政治活動や選挙運動の支援」をしている人は一五・二％で、三番目に低くなっているところが、「中小企業のおかみさんたち」との大きな違いである。ただし彼女らの夫ではこの比率が四五・九％ともっとも高くなっているから、世帯単位でみれば自民党の強固な支持基盤といっていいだろう。

格差に対する考え方をみると、「チャンスが平等にあたえられるなら、競争で貧富の差がついてもしかたがない」と考える人の比率が五一・一％で五番目に高いところに、保守的または新自由主義的な性格を垣間見せるが、「今後、日本で格差が広がってもかまわない」と考える人の比率は二一・七％と全体平均と大差がなく、「富む者と貧しい者とのあいだの所得の格差を小さくすべきだ」と考える人の比率は六五・九％で、むしろ全体平均を上回っている。

経営者の夫を陰で支えながら、伝統的な性役割規範を疑わず、子どもに高いレベルの教育を受けさせることに腐心しながらも、典型的な専業主婦として豊かで満ち足りた生活を送る女性たちである。

2　新中間階級の女たち

新中間階級女性は、六グループ。③新中間階級―新中間階級グループ、④専業主婦―新中間階級グループ、⑤パート主婦―新中間階級グループ、⑥新中間階級―労働者階級グループ、⑦Ⅰ新中間階級・シングルグループ、⑦Ⅱ新中間階級・シングルマザーグループ、である。

③新中間階級―新中間階級グループ［ダブル・インカムの女たちⅠ］

彼女らは、主に企業や自治体、学校などで働く専門職で、ホワイトカラーの夫をもつ女性たちである。その意味で典型的なダブル・インカム族ということができるが、のちに取り上げる⑧正規労働者階級―新中間階級グループもダブル・インカムなので、区別するためにロ

「ダブル・インカムの女たちⅠ」の特徴

女性としては高収入で、仕事満足度は高い。ジェンダー的には進歩的だが経済格差拡大は容認する、かなりネオリベな女たち。

		全グループ中の順位
平均個人年収	359万円	2位
平均世帯年収	997万円	3位
大卒者比率	64.4%	2位
専門職比率	94.6%	2位
ピアノ所有率	45.9%	1位
美術館や博物館に行く	39.1%	1位
自分は幸福	79.0%	1位
日本には性別による不公平がある	89.5%	2位
塾やおけいこ事への支出	月35300円	2位
富む者と貧しい者との間の所得の格差を小さくすべきだ	50.7%	下から1位

ーマ数字のⅠを付しておくことにする。

平均年齢は四四・六歳。勤務先は官公庁が三三・三%と多く、この比率は全グループ中でもっとも高い。個人年収は三五九万円で二番目に高く、世帯年収は九九七万円と一〇〇〇万円に迫り、資本家階級の二グループに次いで高い。高等教育を受けた人の比率は、本人が六四・四%で二番目に高く、夫が七二・五%でもっとも高い。職種は九四・六%までが専門職で、残りは管理職、あるいは課長以上の役職をもつ事務職、サービス職などである。職種をより詳しくみると、医師・看護師などの保健医療従事者が三四・二%、学校教員が二二・一%、保育士が一四・一%で、これを合計すると全体の七割を超える。ちなみに夫の職種も、専門職が四五・

三％ともっとも多く、勤務先はやはり官公庁が三〇・八％を占めている。週平均労働時間は三七・七時間と四〇時間を下回っている。新中間階級の妻をもつ新中間階級男性は四六・〇時間なので、働き方をいくぶんセーブしているか、あるいは公務員のため残業が認められていないケースが多いのかもしれない。

豊かなグループなのだが、資本家階級の女たちの特徴だったスポーツ会員権（四・一％）、美術品・骨董品（一〇・三％）、株券・債券（二二・六％）などの所有率は低い。所有率が高いのは、ピアノ（四五・九％）、食器洗い機（五〇・七％）、DVDレコーダー（九一・一％）、高速インターネット回線（八四・九％）などで、これらはいずれも全グループ中で最高または二番目となっている。文化的な活動に親しむ人の比率が全体に高く、「美術館や博物館に行く」という人の比率は三九・一％と全グループ中でもっとも高く、「図書館に行く」「小説や歴史などの本を読む」という人の比率も、それぞれ三〇・八％、四一・一％で、いずれも二番目に高くなっている。

家族構成をみると、七三・八％が未婚の子どもと同居しており、子どもをもったことのない人は一五・一％に過ぎない。いわゆるDINKS（Double Income No Kids＝共働きで子どものいない夫婦）は、意外に少ないのである。平日の家事時間は二八一分と平均を下回っているが、夫の家事時間が七二分と、妻よりはるかに短いとはいえ全グループ中で二番目に長くなっていることに助けられている面もあるのかもしれない。

自分の仕事内容に満足している人の比率は四五・六％で、職業をもつ一五グループ中で二番目に高い。また自分の仕事による収入に満足している人の比率は、いちばん高い「中小企業のおかみさんたち」に大きく水をあけられているとはいえ、二九・七％で二番目に高い。また自分を「人並みより上」と考える人の比率は五二・四％と四番目に高く、自分を幸せと考える人の比率は七九・〇％で、もっとも高い。

専門職でも上級と下級に大きな差

予想されるように、伝統的な性役割を否定する傾向が強く、「男性は外で働き女性は家庭を守るべき」と考える人の比率はわずか一一・六％で四番目に低く、「家事や育児には男性より女性が向いている」と考える人の比率も四〇・三％と五番目に低い。「男の子と女の子は違った育て方をすべき」と考える人の比率が二九・〇％と、全体平均（二七・七％）を上回っているのは一見すると不思議だが、保健医療従事者（三一・三％）、保育士（三五・〇％）でとくに高くなっているところをみると、「女の子は男の子と違って、手に職をつけた専門職になる方がいい」と考える人が多いのかもしれない（ちなみにこの比率は、学校教員では一九・二％と低い）。「結婚しても必ずしも子どもを持つ必要はない」と考える人の比率は六三・七％で、全グループ中で三番目に高く、有配偶のグループではもっとも高い。また性差別には敏感なようで、いまの日本に「性別による不公平がある」と考える人の比率は八九・五％で二番目に高い。ジェンダー規範の上ではきわめて進歩的だといえる。

高学歴によって女性としては高い地位と収入を獲得した女性たちだけに、子どもの進学には熱心である。「子どもにはできるだけ高い教育を受けさせるのがよい」と考える人の比率（七五・〇％）と、「子どもには学校教育のほかに家庭教師をつけたり塾に通わせた方がよい」と考える人の比率（四四・四％）は、それぞれ全グループ中で三番目と一番目に高い。そして実際に、子どもの学校外教育に毎月三万五三〇〇円を費やしており、この金額は「経営者の妻たち」に次いで二番目に高い。

全体に豊かな女性たちといっていいが、内部にはかなりの格差もある。それは、大卒の上級専門職と、必ずしも大卒ではない下級専門職（看護師、保健師、保育士など）の間の格差である。専門職に占める比率はほぼ同じだが、高等教育を受けた人の比率は、前者では八六・八％、後者は四四・九％と差がある。個人年収の平均値は、前者が三八二万円、後者は二八四万円である（世帯年収は一〇二三万円と八九九万円）。先にこのグループの女性たちが、仕事に満足し、自分を人並みより上だと感じ、また自分を幸せだと考える傾向が強いことをみたが、実は生活全般に満足している人の比率は三八・五％で、全体平均（三六・五％）とあまり変わらない。これは、この比率が下級専門職女性たちで三三・三％と低くなっていることによる部分が大きい（上級専門職では四四・一％）。今後、福祉や介護に関わる下級専門職が増加することが予想されるが、彼女たちは労働者階級との境界線の微妙な位置に立つといっていいだろう。

政党支持は資本家階級の女たちとかなり異なっていて、自民党支持率は一九・二％と、資本家階級の女たちの約半分に過ぎない。他方、格差に対する考え方をみると、「チャンスが平等にあたえられるなら、競争で貧富の差がついてもしかたがない」と考える人の比率が五三・一％で三番目に高く、「今後、日本で格差が広がってもかまわない」と考える人の比率は二七・五％で四番目に高い。反対に「富む者と貧しい者とのあいだの所得の格差を小さくすべきだ」と考える人の比率は五〇・七％で、全グループ中でもっとも低くなっている。保守的ではなく、むしろ進歩的であるにもかかわらず、格差拡大を肯定・容認するというところに、この女性たちの新自由主義的性格が示されているといっていい。それは、専門的な教育を受け、努力して専門性を高めることによって経済的な地位を確立してきたことに対する自負のあらわれなのかもしれない。ちなみに彼女たちの夫にあたる、新中間階級の妻をもつ新中間階級男性では、「今後、日本で格差が広がってもかまわない」と考える人の比率が四二・四％で、配偶者のいる一三グループ中で最高だった。彼女たちとその夫は、強力なネオリベカップルなのである。

④専業主婦―新中間階級グループ［専業主婦のコア・グループ］

彼女たちは、主に企業で働くホワイトカラーの夫をもつ専業主婦たちである。女性全体に占める比率は七・九％で、全グループ中で三番目に高い。平均年齢は四四・八歳。世帯年収は六九一万円とさほど多くはないが、夫の年収は六四六万円で、資本家階級以外では最高である。夫の職種をみると、専門職と事務職がほぼ同数で、合計すると七割を超え、その他は管理職と、課長職以上の販売職が中心である。従業先の規模は五五・三％までが三〇〇人以上の大企業で、この比率は全グループ中でもっとも高い。高等教育を受けた夫の比率も七一・七％で二番目に高く、新中間階級のなかでも上層に位置するとみてよい。このことが彼女たちを賃労働から解放することを可能にしているのだろう。ただし本人の学歴をみると、

「専業主婦のコア・グループ」の特徴

夫が高収入で豊かだが倹約家。幸福で平穏な生活を送る典型的専業主婦。

		全グループ中の順位
夫の個人年収	646万円	3位
夫の大卒者比率	71.7%	2位
夫が大企業勤務	55.3%	1位
パソコン・タブレットの所有率	97.8%	1位
図書館へ行く	32.0%	1位
無農薬や有機栽培の野菜、無添加の食品を購入している	8.9%	下から5位
平日の家事時間	484分	2位
夫の家事時間	44分	下から1位
生活に満足	46.7%	3位
家事や育児は女性の方が向いている	50.1%	4位
塾やおけいこ事への支出	月23700円	4位

高等教育を受けた人の比率は五一・五％とさほど高くはなく、全グループ中で五番目にとどまる。その意味では、学歴について「上昇婚」した人が多いといっていい。

比較的多くの耐久消費財を所有しており、パソコン・タブレットの所有率（九七・八％）は全グループ中で最高、高速インターネット回線の所有率（八一・八％）は三番目に高かった。文化的活動にはある程度まで親しんでいるが、費用のかかる活動は避ける傾向があり、「クラシック音楽のコンサートへ行く」という人は平均以下の一二・四％にとどまり、「美術館や博物館に行く」という人も二九・八％と平均をわずかに上回るだけで、「図書館に行く」という人の比率が三二・〇

％と全グループ中で最高となっている。「お酒をよく飲む」という人の比率が一五・一％で全グループ中で二番目に低いこと、「無農薬や有機栽培の野菜、無添加の食品を購入している」という人の比率が八・九％で五番目に低いことと併せ、ある程度まで豊かでありながら、倹約を旨としているようだ。このグループの最大の特徴のひとつは家事時間が長いことで、平日は平均四八四分、週末は平均四六五分と、いずれも全体で二番目に長くなっており、念入りに家事を行っていることがうかがわれる。ちなみに夫の家事時間はわずか四四分で、全グループ中でもっとも短くなっている。

競争には肯定的だが、格差拡大には批判的

高収入の夫をもつ専業主婦だけに、生活に満足している人の比率は四六・七％で資本家階級以外ではもっとも高く、自分を幸福だと考える人の比率は七三・四％と、全グループ中で三番目に高い。専業主婦だけに性別役割分業を肯定する傾向が強く、「男性は外で働き女性は家庭を守るべき」「家事や育児には男性より女性が向いている」と考える人の比率は、それぞれ二九・〇％、五〇・一％と、トップレベルではないものの、平均を大きく上回っている。

新中間階級家庭の専業主婦というと、教育熱心というイメージが強い。実際に「子どもにはできるだけ高い教育を受けさせるのがよい」と考える人の比率は六七・五％、「子どもには学校教育のほかに家庭教師をつけたり塾に通わせた方がよい」と考える人の比率は四二・〇％と、かなり高い方だといえる。しかし世帯収入が必ずしも多いわけではないからか、実際に学校外教育に使っているのは月額二万三七〇〇円で、四番目に高いとはいえ、「経営者の妻たち」「ダブル・インカムの女たちI」を大幅に下回っている。

自民党支持率は二二・五％と高くはなく平均的で、政治的に保守的とはいえない。格差に関しては、「チャンスが平等にあたえられるなら、競争で貧富の差がついてもしかたがない」と考える人の比率が五二・九％と高い反面、「今後、日本で格差が広がってもかまわない」と考える人の比率は二〇・一％とほぼ平均に等しく、「富む者と貧しい者とのあいだの所得の格差を小さくすべきだ」と考える人の比率は六四・八％と平均をやや上回っている。競争によって生じる格差は受け入れるとはいえ、格差があまりに大きくなることには批判的なようである。

高学歴で高収入の夫をもち、家事と子育て・子どもの教育に専心しながら、「経営者の妻たち」ほどの豊かさはないとしても、幸福で平穏な生活を送る、「専業主婦」のイメージの中核に位置する女性たちということができよう。

⑤パート主婦―新中間階級グループ［働く主婦・上層］

彼女たちは、主に企業で働く新中間階級の夫をもち、自らは非正規のパート労働者として働いている女性たちである。働く主婦ということになるが、あとでみる労働者階級の夫をもつパート主婦とは明らかに豊かさの違いがあるので、「働く主婦・上層」と呼んでおこう。

平均年齢は四六・五歳。週の平均労働時間は二五・〇時間、個人年収は一〇四万円である。職種は事務職が四四・七％ともっとも多く、その他はマニュアル職（一九・八％）、サービス職（一八・八％）、販売職（一四・七％）などとなっている。夫がホワイトカラーの新中間階級世帯にしては、マニュアル職の比率が高いようにも思えるが、大卒者に限っても一一・七％がマニュアル職に就いている。具体的な職種をみると、電気機械組立、飲食料品製造などの生産工程と、運搬労働者が目立った。

夫を「専業主婦のコア・グループ」と比較すると、個人年収は六三一万円で一五万円少ないだけだが、高等教育を受けた夫の比率は五七・九％、大企業の比率が四七・九％とかなりの差があり、階層的にはやや下に位置するとみられる。しかし世帯年収は七七二万円で、

「働く主婦・上層」の特徴

住宅ローンや教育費のためにパート勤め。仕事との折り合いをつけながら家事と子育てにいそしむ。

		全グループ中の順位
平均世帯年収	772万円	5位
住宅ローンがある	62.4%	2位
DVDレコーダーをもっている	91.8%	1位
小説や歴史などの本を読む	38.4%	3位
無農薬や有機栽培の野菜、無添加の食品を購入している	7.2%	下から3位
夫の家事時間	46分	下から3位
子どもにはできるだけ高い教育を受けさせるのがよい	75.1%	2位
子どもには、学校教育のほかに家庭教師をつけたり、塾に通わせた方がよい	44.3%	3位
正規・非正規による不公平がある	39.4%	1位

「専業主婦のコア・グループ」を八一万円上回っている。住宅ローンがある人の比率が六二・四%と全グループ中で二番目に高く、このことがパート勤めの背景にあるものとみられる。

比較的多くの耐久消費財を所有しており、DVDレコーダーの所有率（九一・八%）は全グループ中でもっとも高かった。「美術館や博物館に行く」という人の比率が三五・〇%と四番目に高く、「専業主婦のコア・グループ」をかなり上回っているのは、外出の機会が多いからだろうか。「小説や歴史などの本を読む」という人の比率も三八・四%と三番目に高くなっている。働く主婦だけに平日の家事時間は三〇七分とやや短くなっているが、実は夫の家事時間はわずか四六分で、こちらは三番目に短くなっている。

非正規労働者の労働条件に不満

生活に満足している人の比率は三八・六％で、平均をわずかに上回っているものの、「専業主婦のコア・グループ」を大幅に下回っている。自分を「人並みより上」と考える人の比率（四二・六％）と、自分を幸福と考える人の比率（六八・四％）は、いずれも真ん中よりは上といったところで、やはり「専業主婦のコア・グループ」を下回っている。世帯年収は多いのだが、「専業主婦のコア・グループ」ほどの満足感や幸福感はないようにみえる。「男性は外で働き女性は家庭を守るべき」「家事や育児には男性より女性が向いている」と考える人の比率は、それぞれ一五・六％、四〇・三％で、「専業主婦のコア・グループ」よりかなり低くなっているが、フルタイムで働く女性と比べれば低いとはいえない。

子どもの教育には、熱心だといえる。「子どもにはできるだけ高い教育を受けさせるのがよい」と考える人の比率は七五・一％で全グループ中で二番目に高く、「子どもには学校教育のほかに家庭教師をつけたり塾に通わせた方がよい」と考える人の比率も四四・三％で三番目に高い。ただし、学校外教育への実際の支出は二万円で、必ずしも多いわけではない。

住宅ローンの負担があることから、多くの支出は困難なのだろう。「無農薬や有機栽培の野菜、無添加の食品を購入している」という人の比率は七・二％で、三番目に低くなっている。

政治的には特徴がなく、選挙での投票を「いつもしている」という人の比率、自民党支持率は、いずれも平均程度である。格差に対する意識にもあまり特徴がないが、「正規／非正規雇用による不公平がある」と考える人の比率だけは三九・四％と全グループ中でもっとも高く、非正規労働者としての自分の労働条件に満足していないことがうかがわれる。

夫の個人年収は人並みよりやや上であるものの、住宅ローンの返済や教育費などを補うためにパート勤めをし、仕事との折り合いをつけながら家事と子育てにいそしむ、平凡な主婦たちといっていいだろう。

⑥新中間階級─労働者階級グループ［階級横断家族の女たち］

彼女たちは、自分は主に企業や官公庁などで専門職などとして働き、夫は主に企業でマニュアル職として働くという、異なる階級どうし、しかも自分が夫より上位に位置するカップルを形成した女性たちである。英国の階級研究で、クロス・クラス・ファミリー（cross-class

「階級横断家族の女たち」の特徴

「格下」男と結婚した専門職。収入はまあ多いが、仕事や生活に多くの不満。

		全グループ中の順位
平均世帯年収	728万円	6位
夫と同等以上の収入がある	32.7%	1位
友人からの紹介で夫と知り合った	45.9%	1位
小説や歴史などの本を読む	18.3%	下から2位
男は仕事、女は家庭	10.2%	下から3位
家事は女性の方が向いている	31.5%	下から1位
夫の家事時間	82分	1位
チャンスが平等にあたえられるなら、競争で貧富の差がついてもしかたがない	36.4%	下から3位
今後、日本で格差が広がってもかまわない	16.6%	下から5位

family）として注目されてきた世帯を構成する女性たちということで、いささか学術用語的ながら「階級横断家族の女たち」と呼んでおきたい。

平均年齢は四二・一歳で、有配偶のグループではもっとも若い。重要な特徴のひとつは、高等教育を受けた人の比率が、本人は四二・二％、夫が二九・〇％と、本人の方が高くなっていることである。職種では、本人の九二・七％までが専門職、その他が課長以上の役職者であるのに対して、夫の六二・四％までがマニュアル職で、その他は販売職（二〇・二％）、サービス職（八・三％）などとなっている。女性の賃金水準が全体に低いことを反映して、個人年収は本人が二七五万円、夫が四一七万円と夫の方が多いが、夫と同等以上の収入のある人も三二・七％おり、この比率は全グループ中最高である。ちなみにこの夫の収入は、有配偶の一三グループ中で五番目に低い。本人の職業を具体的にみると、四六・八%までが看護師で、次いで多いのが保育士（一〇・一%）、その他の保健医療従事者（六・四%）、福祉専門職（五・五%）などとなっており、全体の八二・六%までが下級専門職である。週平均労働時間は三八・〇時間である。世帯年収は七二八万円で、「専業主婦のコア・グループ」よりは多く、全体で六番目に位置している。

学歴や職業的地位の上で、いわば「格下」と思われる男性と結婚した経緯が気になるところだが、配偶者と知り合ったきっかけをみると、「友人からの紹介」が四五・九%で、全グループ中でもっとも高かった。逆に「仕事」で知り合ったという人の比率は一九・三%と最低となっている。プライベートな交友関係のなかで出会い、結婚に至った人が多いようである。

耐久消費財の所有率はあまり高くない。ピアノ（二四・八%）は平均をも下回っており、食器洗い機（三四・九%）、ＤＶＤレコーダー（八二・六%）など、他の三つの有配偶の新中間階級を大幅に下回っている。文化的活動も活発とはいえず、「小説や歴史などの本を読む」という人の比率は一八・三%で二番目に低く、「クラシック音楽のコンサートへ行く」人の比率も八・三％で四番目に低い。

平均以上の世帯年収でも満足度は低い

自分の仕事内容に満足している人の比率は三六・七％で、高いとはいえない。仕事による収入に満足している人の比率も二二・九％で、やはり高くない。生活に満足している人（三五・八％）は平均を下回っている。また自分を「人並みより上」と考える人（二七・一％）、自分は幸福だと考える人（六五・一％）の比率は、いずれも高いとはいえず、どちらの比率も高い「ダブル・インカムの女たちI」と好対照である。しかも、世帯年収の高い人々だけをとりだして比較しても、この差はなくならない。彼女たちの階層帰属意識は、夫が労働者階級であることによって引き下げられているようである。

性役割意識には、きわだった特徴がある。「男性は外で働き女性は家庭を守るべき」と考える人はわずか一〇・二％で三番目に低く、「家事や育児には男性より女性が向いている」と考える人は三一・五％で、もっとも低い。階級序列の上で夫より上位に位置するとみられる女性たちだから、当然だろう。しかし平日の家事時間は三一一分で、フルタイムで働く有配偶女性としてはむしろ長い方である。夫の家事時間は八二分で、配偶者のいる一三グループ中でもっとも長いが、負担の大きさは明らかにバランスを欠いている。

選挙での投票を「いつもしている」という人は四六・八％、自民党支持率は二二・二％で、いずれも平均的である。しかし格差拡大には批判的なところがあり、「チャンスが平等にあたえられるなら、競争で貧富の差がついてもしかたがない」と考える人の比率は三六・四％で三番目に低く、「今後、日本で格差が広がってもかまわない」と考える人の比率は一六・六％で五番目に低くなっている。

専門職としての能力やキャリアがありながらも、仕事に不満をもち、また平均以上の世帯収入があるにもかかわらず、生活全般にもあまり満足を感じることができずにいる女性たちである。

⑦I新中間階級・シングルグループ［〈独身貴族〉たち］

彼女らは、新中間階級として働く、配偶者のいない女性たちである。九一・七％までが専門職だが、管理職や課長以上の役職をもつ事務職や販売職なども八・三％おり、いわゆる独身キャリアウーマンを多く含んでいる。平均年齢は三五・九歳で全グループ中で二番目に若く、個人年収は三五七万円で三番目に多い。これだけをみると独身貴族と呼びたくなるのだ

「〈独身貴族〉たち」の特徴

比較的豊かで、〈独身貴族〉の生活を楽しむ一方、不満も多く、一部には親を養う孝行娘も。

		全グループ中の順位
平均個人年収	357万円	3位
高等教育を受けた	65.3%	1位
美術館や博物館へ行く	38.9%	2位
インターネットで買い物や予約をする	76.0%	1位
雑誌や本で取り上げられたレストランに行く	53.3%	1位
お酒をよく飲む	30.6%	2位
仕事による収入に満足	15.8%	下から2位
抑うつ傾向の疑い	30.0%	4位
同性どうしが愛し合ってもよい	73.8%	1位
結婚しても子どもをもつ必要はない	66.3%	2位

が、詳しくみていくとそうとも言い切れない実態が明らかになってくるから、あえてカッコつきで〈独身貴族〉たちと呼んでおこう。

職種を細かくみると、もっとも多いのが看護師（一九・八％）、次いで学校教員（一七・四％）、保育士（一四・〇％）、技術者（九・九％）などとなっている。医療・福祉・保育などに関わる下級専門職が五七・〇％を占めるが、技術者や教員、医師などの上級専門職も三四・七％を占め、「階級横断家族の女たち」よりは専門性の高い職種が多いといえる。週平均労働時間は四三・四時間で二番目に長くなっている。高等教育を受けた人の比率は六五・三％と、全グループ中でもっとも高い。

耐久消費財の所有率をみると、ピアノ（三七・

五％）は全体で三番目に高くなっているものの、他はあまり高いとはいえない。これはおそらく、ひとり暮らしの比率が三八・〇％と全グループ中で二番目に高く、あまり多くの耐久消費財を必要としていないからだろう。ちなみに同居の子どもがいるケースは、次に取り上げる「新中間階級・シングルマザー」に分類しているのでここには含まれないが、別居の子どもがいると回答した人が一〇・一％いた。

文化的活動には積極的で、「美術館や博物館に行く」という人の比率は三八・九％と二番目に高く、「クラシック音楽のコンサートへ行く」という人の比率は二〇・七％で四番目に高い。また「インターネットで買い物や予約をする」という人の比率は七六・〇％、「雑誌や本で取り上げられたレストランに行く」という人の比率は五三・三％で、いずれももっとも高くなっている。また「お酒をよく飲む」という人の比率は三〇・六％で、二番目に高い。文化的活動や消費行動の上では、たしかに「独身貴族」的だといえる。

同居親がシングルの娘に経済的に依存

しかし仕事による収入に満足している人の比率は一五・八％で二番目に低く、生活に満足している人の比率も三三・九％で、平均を下回っている。また、いろいろと悩み事も多いのか、抑うつ傾向が疑われる人の比率は三〇・〇％で、全グループ中で四番目に高くなっている。これは実は、親と同居しているかどうかに関係している。これらの女性たちの五八・七％は自分の親と同居しているのだが、親と同居している人とそうでない人では、それぞれ平均年齢が三二・五歳、四〇・七歳、個人年収が二七五万円、四七八万円と大きく異なる。そして親と同居している人では三八・〇％が生活に満足しているのに、仕事による収入に満足している人はわずか一四・三％、同居していない人では生活に満足している人が二八・〇％にとどまるのに対して、仕事による収入には一八・〇％が満足と答え、「どちらかといえば満足」を含めるとその比率は六〇・〇％に達する（親と同居している人では四五・七％）。つまり、親と同居しているのは若くてまだ独立するには収入が足りない女性たち、別居しているのはキャリアを積んで独立できた女性たちなのである。

収入が少なく、親と同居して経済的に親に依存している独身女性といえば、いわゆる「パラサイト・シングル」を思い浮かべる人もいるかもしれないが、詳しくみると必ずしもそうではないことがわかる。彼女たちの個人収入が世帯収入に占める比率をみると、五〇％以上の女性たちが過半数の五二・二％となっている。つまり収入が十分にあるとはいえないシングルの娘に、経済的に依存している親が意外に多いのである。そしてこれら親と同居している女性たちでは、抑うつ傾向が疑われる人の比率が三四・三%にも上っている（親と同居していない人では二四・〇%）。以上を考えるなら、このグループを文字通りの「独身貴族」とみることは難しいだろう。

政治意識をみると、自民党支持率は一二・四%と全グループ中で二番目に低く、支持政党がない人が七二・七%と四番目に多い。しかし政治にまったく無関心というわけではないようで、選挙での投票を「いつもしている」という人の比率は四二・一%で、平均をわずかに下回るものの、シングル女性のなかでは二番目に高い。また既存のジェンダー秩序には否定的で、「同性どうしが愛しあってもよい」「結婚しても必ずしも子どもをもつ必要はない」と考える人の比率は、それぞれ七三・八%、六六・三%で、一番目と二番目に高くなっている。

単身で女性としては収入が比較的多く、文化的活動や消費活動の上では「独身貴族」的で華やかな側面もみせるが、生活には必ずしも満足できないでいる女性たちである。

⑦II新中間階級・シングルマザーグループ［シングルマザー・上層］

彼女らは、女性新中間階級として働く、無配偶で、未婚の子どもと同居して子育てなどを

「シングルマザー・上層」の特徴

シングルマザーのなかでは豊かな方だが、多くの悩み、不安と健康上の問題を抱える女たち。

		全グループ中の順位
平均個人年収	373万円	1位
週労働時間	44.3時間	1位
子ども部屋がある	85.7%	2位
仕事の内容に満足	25.0%	下から1位
仕事と家庭を両立できる	21.4%	下から2位
自分は幸福	39.3%	下から1位
健康状態がわるい	25.0%	3位
抑うつ傾向の疑い	32.1%	3位
健康に気をつけて食事をしている	3.6%	下から1位
お酒をよく飲む	42.8%	1位
たいていの人は信用できる	17.9%	下から2位
いつも投票している	28.6%	下から2位

行っている女性たちである。平均年齢は四四・五歳。専門職が九六・四％と圧倒的多数を占めており、職種を細かくみると、看護師（三九・三％）がもっとも多く、次いで学校教員（一七・九％）、保育士（一四・三％）などとなっている。個人年収は三七三万円で、全グループ中でもっとも多いが、これは週平均労働時間が四四・三時間と、全グループ中で最長となっていることによる部分が大きいと思われる。世帯年収は四七三万円で、五番目に少ないものの、シングルマザーの三つのグループ中ではもっとも多い。シングルマザーそのものが下層的性格が強いので形容矛盾になるかもしれないが、「シングルマザー・上層」と呼んでおきたい。なお該当者が二八人

と少ないので、以下の数字の解釈にはやや注意を要する。

耐久消費財の所有率は中間的だが、比較的高いのは子ども部屋（八五・七％）、ピアノ（三五・七％）で、それぞれ全グループ中で二番目と五番目に高い。このグループが、やはり新中間階級であることを感じさせるところである。ちなみに「子どもにはできるだけ高い教育を受けさせるのがよい」と考える人の比率は五七・一％で平均を下回っているが、シングルマザーの他の二つのグループに比べればかなり高い。しかし文化的活動や消費行動は全体に低調で、「クラシック音楽のコンサートへ行く」という人の比率は一〇・七％、「雑誌や本で取り上げられたレストランに行く」という人の比率は二八・六％で、それぞれ五番目と三番目に低くなっている。この点は、先の「〈独身貴族〉たち」と好対照である。家族構成をみると、自分の親と同居している人の比率が二八・六％と、かなり高くなっている。

個人年収は高いが余裕はあまりない

自分の仕事の内容に満足している人の比率は二五・〇％で、全グループ中でもっとも低くなっている。「仕事と家庭を両立できる」という人の比率は二一・四％と二番目に低くなっており、仕事と子育ての両立に苦しんでいるようである。生活に満足している人の比率は三二・一%で、最低レベルとはいえないが、平均を四%ほど下回っている。「自分は幸福」と考える人の比率はわずか三九・三%で、全グループ中で最低となっており、のちに取り上げる「正規労働者階級・シングルマザー」の五〇・〇%に比べてもかなり低い。「健康状態がわるい」と考える人の比率が二五・〇%、抑うつ傾向が疑われる人の比率は三二・一%で、いずれも三番目に高くなっている。「健康に気をつけて食事をしている」という人の比率はわずか三・六%で、全グループ中でもっとも低い。そんな余裕はないということだろう。「お酒をよく飲む」という人の比率が四二・八%と、全グループ中で最高となっているのも、このグループの特徴といえる。悩みの多いシングルマザーでありながら、相対的には経済的にある程度まで恵まれていることの反映だろうか。やや意外なことなのだが、「同性どうしが愛しあってもよい」「結婚しても必ずしも子どもをもつ必要はない」と考える人の比率は、それぞれ三〇・七%、四〇・七%で、それぞれ全グループ中で一番目と四番目に低くなっている。他者一般に対する信頼感の指標である「たいていの人は信用できる」という意見に賛成する人の比率が一七・九%で、全グループ中で二番目に低くなっているのも気にかかるところである。

自民党支持率は一四・八%と五番目に低く、その他の政党の支持率が一八・五%と三番目に高くなっているが、政治への参加意欲は低いようで、選挙の投票を「いつもしている」という人の比率はわずか二八・六％で二番目に低くなっている。

専門職に就く新中間階級であることから、他のシングルマザーに比べれば貧困リスクは低いといえるが、多くの悩みや不満、健康上の問題などを抱える女性たちであるといえる。

3 労働者階級の女たち

労働者階級女性は、六グループ。⑧正規労働者階級―新中間階級グループ、⑨正規労働者階級―労働者階級グループ、⑩パート主婦―労働者階級グループ、⑪専業主婦―労働者階級グループ、⑫Ⅰ正規労働者階級・シングルグループ、⑫Ⅱ正規労働者階級・シングルマザーグループ、である。

⑧正規労働者階級―新中間階級グループ［ダブル・インカムの女たちⅡ］

新中間階級の夫をもち、自分は正規労働者として働く女性たちである。平均年齢は四三・〇歳。個人年収は三二九万円で、全グループ中で四番目に多い。夫の個人年収は五七二万円で新中間階級の男性としては少ないが、妻がフルタイムで働いているから、世帯年収は九三三万円と四番目に高い。この額は「ダブル・インカムの女たちⅠ」を六四万円下回るだけだから、十分にダブル・インカムと呼ぶことができる。高等教育を受けた人の比率は六二・九％で、三番目に高いが、高等教育を受けた夫の比率は六四・四％と、やや低くなる。夫の職種をみると、専門職が二二・五％、事務職が四八・三％となっており、専門職が四五・三％と多い「ダブル・インカムの女たちⅠ」の夫たち（事務職は三一・八％）と、かなり異なっている。

予想されるように、本人の職種は六八・五％までが事務職で、この比率は全グループ中でもっとも高い。おそらくその大部分は単純事務職であるとはいえ、夫たちと同様にオフィスでホワイトカラーとして働いているから、新中間階級との境界線に位置しているといってもいい。実際に事務職のなかには、係長以下の役職をもつ人が二三・〇％おり、これらの人々は新中間階級とみなした方がいいかもしれない。他の職種はサービス職（一四・六％）、マニュアル職（九・〇％）、販売職（七・九％）となっている。

比較的豊かな女性たちといっていいが、家産や耐久消費財の所有状況をみると、いろいろと「ダブル・インカムの女たちⅠ」との違いがみえてくる。持ち家に住んでいる人の比率

「ダブル・インカムの女たちⅡ」の特徴

けっこう豊かな労働者階級女性の最上層。子どもの教育に熱心だが、住宅ローンの負担が重い。

		全グループ中の順位
平均個人年収	329万円	4位
平均世帯年収	933万円	4位
大卒者比率	62.9%	3位
事務職比率	68.5%	1位
子どもにはできるだけ高い教育を受けさせるほうがよい	79.2%	1位
子どもには家庭教師をつけたり、塾に通わせた方がよい	44.4%	1位
住宅ローンがある	65.4%	1位
自分は「人並みより上」	58.6%	3位
抑うつ傾向の疑い	10.5%	下から2位
男は仕事、女は家庭	9.3%	下から2位
チャンスが平等にあたえられるなら、競争で貧富の差がついてもしかたがない	54.7%	2位

は、「ダブル・インカムの女たちⅠ」が七九・一%であるのに対して、七〇・八%にとどまる。同様に子ども部屋がある人の比率は、それぞれ七四・〇%と五一・一%、ピアノは四五・九%と二七・三%、文学全集・図鑑は三七・〇%と一九・三%、となっている。これは文化的な活動への参加の程度と関係があるようで、「美術館や博物館に行く」という人の比率は、それぞれ三九・一%と三〇・七%、「小説や歴史などの本を読む」という人の比率は四一・一%と二八・四%というように、かなりの差がある。新中間階級と労働者階級の違いといっていいだろう。

消費行動の上では、合理的で情報に敏感

なところがあり、「クレジットカードで買い物をする」という人の比率は七九・三％と全グループ中でもっとも高く、「インターネットで買い物や予約をする」という人は七二・四％、「雑誌や本で取り上げられたレストランに行く」という人は四五・九％で、それぞれ二番目と四番目に多い。「国産の牛肉や野菜を選んで買っている」という人も五六・八％で、四番目に多い。

経済的な格差を容認する傾向あり

子どもの教育には熱心なようで、「子どもにはできるだけ高い教育を受けさせるのがよい」「子どもには学校教育のほかに家庭教師をつけたり塾に通わせた方がよい」と考える人の比率は、それぞれ七九・二％、四四・四％といずれも全グループ中でもっとも高くなっている（後者は「ダブル・インカムの女たちⅠ」と同率）。ただし、学校外教育への実際の支出は二万三二〇〇円で、「ダブル・インカムの女たちⅠ」より一万円以上少なくなっている。これは、住宅ローンのある世帯の比率が六五・四％と全グループ中でもっとも高いこととも関係しているのかもしれない。

全体に生活への満足度は高く、生活に満足しているという人の比率は四二・七％、自分は

「人並みより上」だと考える人の比率は五八・六%、自分は幸福だと考える人の比率は六九・四%で、それぞれ五番目、三番目、五番目に高くなっている。抑うつ傾向の疑いがある人の比率は一〇・五%と、二番目に低い。ちなみに「タバコをよく吸う」という人の比率は三・四%と二番目に低い反面、「お酒をよく飲む」という人の比率は二七・三%で四番目に高い。伝統的なジェンダー規範には否定的な傾向があり、「男性は外で働き女性は家庭を守るべき」と考える人の比率は九・三%で二番目に低い。また、いまの日本には「性別による不公平がある」と考える人の比率は八八・五%で、全グループ中で三番目に高かった。

自民党支持率は二二・七%、支持政党のない人の比率は六三・六%で、いずれも平均的である。しかし経済的な格差を容認する傾向があり、「チャンスが平等にあたえられるなら、競争で貧富の差がついてもしかたがない」と考える人の比率は五四・七%と二番目に高く、「富む者と貧しい者とのあいだの所得の格差を小さくすべきだ」と考える人の比率は五五・二%で、三番目に低くなっている。

単純事務職とサービス職・マニュアル職が大部分とはいえ、結婚を経て長く勤続しているからそれなりに高収入で、夫の安定した収入も合わせて豊かな生活をする、女性労働者階級の上層といってよい。

⑨正規労働者階級―労働者階級グループ［共働きの女性労働者たち］

彼女たちは、労働者階級の夫をもち、自らも正規労働者階級として働く女性たちである。平均年齢は四三・二歳。個人年収は二五五万円、夫の個人年収は三八三万円で、「ダブル・インカムの女たちⅠ・Ⅱ」と比べると本人、夫とも大幅に低く、世帯年収には三〇〇万円ほどの差がある。高等教育を受けた人の比率も、本人で二五・二％、夫は一八・四％と大幅に低く、フルタイムで働く者どうしのカップルといっても、性質がまったく異なる。本人が正規雇用だから、ダブル・インカムといっても間違いではないが、あまりに差が大きいので「共働きの女性労働者たち」と呼んで区別しておこう。ちなみに資産総額は一〇三〇万円と全体で二番目に少なくなっている。

本人の職種は、事務職が三八・三％ともっとも多いが、マニュアル職（二五・二％）、サービス職（二〇・〇％）、販売職（一五・七％）など、現場職が多数を占める。しかし仕事の内容に満足している人の比率は四〇・〇％で、「ダブル・インカムの女たちⅡ」を上回っている。夫の職種をみると、七一・三％と大半がマニュアル職である。

消費行動の上では「ダブル・インカムの女たちⅡ」と対照的なところがあり、「インター

「共働きの女性労働者たち」の特徴

夫とともに堅実に働き生きる「中流の下」。ちょっと権威主義的で自民党支持が多い。

		全グループ中の順位
夫の平均個人年収	383万円	下から2位
平均資産総額	1030万円	下から2位
夫の大卒者比率	18.4%	下から1位
夫のマニュアル職比率	71.3%	1位
無農薬や有機栽培の野菜、無添加の食品を購入している	6.3%	下から1位
子どもにはできるだけ高い教育を受けさせるほうがよい	46.8%	下から2位
家事は女性の方が向いている	36.8%	下から3位
自民党支持率	27.0%	5位
権威のある人々にはつねに敬意をはらわなければならない	54.2%	1位
富む者と貧しい者とのあいだの所得の格差を小さくすべきだ	70.3%	2位

ネットで買い物や予約をする」という人の比率は四四・七％で三〇％近くも低く、「クレジットカードで買い物をする」（五七・二％）、「雑誌や本で取り上げられたレストランに行く」（三一・三％）、「国産の牛肉や野菜を選んで買っている」（三五・一％）も、それぞれ一五―二〇％程度も低くなっている。「無農薬や有機栽培の野菜、無添加の食品を購入している」という人の比率は六・三％で、全グループ中で最低だった。「無駄」な支出はしないという点では、徹底しているようである。「小説や歴史などの本を読む」という人の比率は一三・六％で、こちらも全グループ中で最低だった。

ジェンダー意識は進歩的だが権威主義的傾向も

生活に満足している人の比率は三四・二%と、平均をわずかに下回っており、自分は「人並みより上」だと考える人の比率は二〇・五%と全グループ中で四番目に低いが、自分は幸せだと考える人の比率は六二・二%で、平均を上回っている。伝統的なジェンダー規範にはある程度まで否定的な傾向があり、「男性は外で働き女性は家庭を守るべき」と考える人は一五・六%と平均を大きく下回り、「家事や育児には男性より女性が向いている」と考える人は三六・八%で、三番目に低い。「子どもにはできるだけ高い教育を受けさせるのがよい」と考える人の比率は、「ダブル・インカムの女たちⅡ」と対照的に四六・八%と全グループ中で二番目に低くなっている。

やや意外だが、自民党支持率が二七・〇%と高く、被雇用者の世帯では最高となっている。実はこのグループは、被雇用者のグループにしては二〇万人未満の小都市と郡部に住む人の比率が六〇・九%と高く、これらの人々の自民党支持率が三二・八%と高いことが、その理由のひとつのようである（二〇万人以上の都市では一八・二%）。ただし政治参加には消極的で、選挙でいつも投票しているという人の比率は三三・〇%と四番目に低くなっている。権威主義的で「長いものに巻かれろ」的な傾向があるようで、「権威のある人々にはつねに敬意をはらわなければならない」「以前からなされてきたやり方を守ることが、最上の結果を生む」と考える人の比率は、それぞれ五四・二％、四七・七％で、いずれも全グループ中で最高となっている。このことも、自民党支持につながっているのかもしれない。しかし経済格差の現状には批判的なところがあり、「富む者と貧しい者とのあいだの所得の格差を小さくすべきだ」と考える人の比率は七〇・三％で、全グループ中で二番目に高くなっている。

あまり豊かな女性たちとはいえないが、六六三万円という世帯年収は、全体平均をわずかに上回るから、「中流の下」とはいえるだろう。決して高くはない収入を夫と持ち寄って、堅実に生活を送る女性たちといっていいだろう。

⑩パート主婦―労働者階級グループ［働く主婦・下層］

労働者階級の夫をもち、自分はパートなど非正規労働者として働く女性たちである。平均年齢は四七・四歳で、被雇用者のなかではもっとも高い。女性全体に占める比率は一〇・八％で、もっとも大きい。週の平均労働時間は二六・二時間で、個人年収は一一五万円であ

「働く主婦・下層」の特徴

苦しい家計を支えるためパート勤め。生活は楽ではないが、健気に生きる。

		全グループ中の順位
マニュアル職比率	37.2%	2位
夫の平均個人年収	389万円	下から3位
夫が大学卒	26.7%	下から4位
夫のマニュアル職比率	64.7%	2位
住宅ローンがある	53.0%	5位
自治会・町内会活動に参加している	34.7%	1位
生活に満足	28.8%	下から4位
競争の自由をまもるよりも、格差をなくしていくことの方が大切だ	47.8%	5位
今後、日本で格差が広がってもかまわない	15.4%	下から2位

る。夫たちの属性をみると、高等教育を受けているのは二六・七％、マニュアル職は六四・七％、個人年収は三八九万円で、「共働きの女性労働者たち」の夫たちと階層的にはほとんど差がないといっていい。しかし妻がパート等で、個人年収が一一五万円にとどまるため、世帯年収は五四五万円と低くなっている。

一方、同じくパート主婦だが夫が新中間階級の「働く主婦・上層」と比較すると、高等教育を受けた人の比率が二五・〇％（「働く主婦・上層」は四七・七％）、事務職の比率が二二・一％（同四四・七％）と低く、マニュアル職が三七・二％（同一九・八％）と高くなっており、かなり性質が異なることがわかる。両者の違いは、「新中間階級世帯パート主婦」と「労働者階級世帯パート主婦」の違いである。このため、「働く主婦・下層」と呼んでおくことにしたい。住宅ローンのある人の比率は五三・〇%で、全グループ中で五番目に高い。ここは「働く主婦・上層」との共通点である。職歴をみると、初職時点（学校を出て最初に職業に就いた時点）のマニュアル職比率は一七・六%、事務職比率は三八・八%だった。つまり、かなりの女性が事務職からマニュアル職へと移動していることになる。

「自治会・町内会活動」に参加しているという人の比率は三四・七%と、全グループ中でもっとも高くなっている。こうした活動は自営業者で高い傾向があり、実際に二番目から四番目に高いのは旧中間階級世帯の女性たちなのだが、被雇用者世帯であるこのグループの参加率がもっとも高いというのは意外である。パート主婦は大都市中心部には少なく、周辺部で多い傾向があるが、その結果だろうか。文化的活動はあまり活発とはいえず、「美術館や博物館に行く」という人の比率は一七・九%で、四番目に低かった。

生活に満足している人の比率は二八・八%で、シングルマザーと、次に取り上げるアンダークラスを除けばもっとも低くなっている。自分は「人並みより上」と考える人の比率も二一・二%と低い。貧困率は八・六%と高くはないが、生活は楽ではないようである。

伝統的な性役割規範を肯定

「男性は外で働き女性は家庭を守るべき」「家事や育児には男性より女性が向いている」と考える人の比率は、それぞれ二二・八％、四三・四％で、被雇用の女性としては高い方といっていい。おそらくは伝統的な性役割規範を受け入れつつも、生活のためやむを得ず働いている人がかなりの部分を占めるのだろう。「子どもにはできるだけ高い教育を受けさせるのがよい」と考える人の比率は五七・二％、「子どもには学校教育のほかに家庭教師をつけたり塾に通わせた方がよい」と考える人の比率は三七・四％で必ずしも高くないが、学校外教育費の支出は一万八九〇〇円と世帯年収の割には多くなっている。住宅ローンのある世帯の比率が高いこととともに、パート勤めの背景になっているものと思われる。

自民党支持率、支持政党のない人の比率は、それぞれ一九・一％、六三・九％で、いずれも平均的である。しかし経済的な格差には批判的で、「競争の自由をまもるよりも、格差をなくしていくことの方が大切だ」と考える人の比率は四七・八％と、全グループ中で五番目に高く、「今後、日本で格差が広がってもかまわない」と考える人の比率は一五・四％で、二番目に低い。この傾向はマニュアル職として働く人でとくに顕著で、比率がそれぞれ五〇・〇％、一一・六％だった。

伝統的な主婦役割を受け入れながら、夫の収入だけでは苦しい家計を支えるためにパート勤めをしているが、それでもローンや教育費などで生活は楽ではなく、不満を抱えながら健気に暮らす女性たちといっていい。

⑪専業主婦―労働者階級グループ［労働者階級の妻たち］

彼女たちは、労働者階級の夫をもち、専業主婦として家庭を支える女性たちである。女性全体に占める比率は一〇・一％で、「働く主婦・下層」に次いで大きい。労働者階級の夫をもつ専業主婦およびパート主婦が、それぞれ女性全体の一割を占める大きなグループだという点は、強調しておいていいだろう。平均年齢は四七・〇歳。

夫たちの属性は、個人年収が四〇六万円、高等教育を受けている人の比率が二五・七％、マニュアル職が六〇・六％で、「共働きの女性労働者たち」「働く主婦・下層」とほとんど差がない。しかし妻が無職のため、世帯年収は四八六万円で、有配偶者のなかではもっとも少なく、貧困率は一七・三％と高くなっている。月間生活費は一九・四万円で、有配偶者のなかでは唯一、二〇万円を切っている。このため耐久消費財の所有率は全体に低く、衛星放送・ケーブルテレビ、食器洗い機の所有率は、それぞれ四八・一％、三〇・五％で、有配偶

「労働者階級の妻たち」の特徴

大量の家事・育児をこなし、労働者階級世帯を支える。日本社会の陰の立役者。

		全グループ中の順位
夫の平均年収	406万円	下から4位
夫が大学卒	25.7%	下から3位
夫のマニュアル職比率	60.6%	4位
平均世帯年収	486万円	下から6位
貧困率	17.3%	6位
平日の家事時間	507分	1位
お酒をよく飲む	14.1%	下から1位
健康状態がわるい	21.8%	4位
男は仕事、女は家庭	31.8%	3位

のグループのなかでは一番目と二番目に低くなっている。ちなみに「お酒をよく飲む」という人の比率は一四・一％で、全グループ中でもっとも低い。

最大の特徴といえるのは家事時間が長いことで、平日は五〇七分、週末は四八六分と、いずれも全グループ中でもっとも長くなっている。これを一八歳以下の子どもがいる人に限ると、実にそれぞれ七二五分、七〇三分に達する。明らかに、過労死レベルである。「健康状態がわるい」と感じている人の比率が二一・八％と、全グループ中で四番目に高く、有配偶のグループのなかでは最高となっているのも、そのせいかもしれない。同じく被雇用者世帯の専業主婦である「専業主婦のコア・グループ」の場合、全体の家事時間は平日が四八四分、週末が四六五分と、かなり近い長さとなっているが、一八歳以下の子どもがいる人に限ると、それぞれ六一八分、六〇二分で、かなり短くなっている。

なぜか。おそらく、「専業主婦のコア・グループ」は経済力があるために家事・育児の外部化、つまり専門機関や業者にお金を払って家事・育児の一部を委託することができるのに対し、経済力のない「労働者階級の妻たち」には、それができないのである。これが彼女らの異常なほどの多忙の理由である。ただし生活に満足している人の比率は三六・六％と平均程度で、「働く主婦・下層」よりはかなり高くなっている。

経済的には苦しいが生活には満足

専業主婦だけに、「男性は外で働き女性は家庭を守るべき」「家事や育児には男性より女性が向いている」と考える人の比率は、それぞれ三一・八％、四九・八％で、全グループ中で三番目と五番目に高くなっている。生活に満足している人の比率が低くないのは、自分のジェンダー規範通りに専業主婦として生活していることによるのかもしれない。

自民党支持率は二一・五％で、平均と一致している。その他の政党の支持率が一六・九％で平均を二％ほど上回っているが、詳しくみると民主党（七・〇％）と公明党（六・三％）の支持率が、全体で二番目と三番目に高くなっていた。「競争の自由をまもるよりも、格差をなくしていくことの方が大切だ」と考える人の比率が五一・六%と、全グループ中で四番目に高くなっているところをみると、経済的な格差に批判的ともみえるが、「チャンスが平等にあたえられるなら、競争で貧富の差がついてもしかたがない」と考える人の比率が四七・二%で平均を上回っているなど、必ずしも一貫していない。

経済的に苦しいなか、大量の家事と育児をほぼ一人でこなし、家族の生活を支える女たちである。「専業主婦のコア・グループ」と違って、テレビドラマの主人公として描かれたりすることはなく、その実像をイメージできる人は多くないかもしれないが、労働者階級世帯を支える、したがって日本社会を支える陰の立役者として、無視してはならない存在といえる。

⑫I正規労働者階級・シングルグループ［シングル・ライフの女たち］

彼女たちは、正規労働者として働く、配偶者のいない女性たちである。平均年齢は三三・七歳で、全グループ中でもっとも若い。六一・九%が事務職で、他はサービス職（一六・九%）、マニュアル職（一一・一%）、販売職（九・〇%）など。個人年収は三〇〇万円で、全グループ中で五番目に多いが、同じくシングルの「〈独身貴族〉たち」と比べると五〇万円以上少ない。週平均労働時間は四三・二時間で、三番目に長くなっている。忙しい日々を送る人が多いようだが、仕事の内容に満足している人の比率は三〇・九％で、二番目に低くなっている。〈独身貴族〉としての性格は希薄なので、「シングル・ライフの女たち」と呼んでおこう。

高等教育を受けた人の比率は五〇・三％で、労働者階級としては高い方である。世帯年収は五九一万円だが、七八・二％は自分の親と同居していて、その世帯年収は七七六万円と多い。ただし個人年収は、親と同居している人が三〇三万円、同居していない人が二九二万円と、大差がない。「〈独身貴族〉たち」の場合は、キャリアを積んだ高収入の女性たちがひとり暮らしをする傾向があったが、このグループにはそのような傾向がみられず、ひとり暮らしは楽ではないようだ。

文化的活動や消費行動の面では、「〈独身貴族〉たち」と共通点もあり、「インターネットで買い物や予約をする」「雑誌や本で取り上げられたレストランに行く」という人の比率は、それぞれ七一・六％、五三・〇％と高くなっているが、「クラシック音楽のコンサートへ行く」「美術館や博物館に行く」は、それぞれ一二・三％、二九・九％で、平均程度にとどまっている。

「シングル・ライフの女たち」の特徴

仕事で忙しい中、それなりに生活をエンジョイ。既存のジェンダー秩序に静かに抵抗。

		全グループ中の順位
平均年齢	33.7歳	下から1位
平均個人年収	300万円	5位
インターネットで買い物や予約をする	71.6%	4位
雑誌や本で取り上げられたレストランに行く	53.0%	2位
子どもにはできるだけ多くの財産を残してやるのがよい	54.6%	2位
支持政党なし	74.2%	3位
正規／非正規雇用による不公平がある	37.9%	2位
同性どうしが、愛しあってもよい	71.1%	2位
結婚しても、必ずしも子どもを持つ必要はない	67.4%	1位

生活に満足している人の比率は三八・一％で、平均をわずかに上回り、自分は「人並みより上」と考える人の比率は三〇・三％で、平均をわずかに下回っている。しかしこの比率は親と同居しているかどうかと関係していて、生活に満足している人の比率は、親と同居している人では四〇・一％に上るのに対し、同居していない人では二九・三％と低い。自分を「人並みより上」と考える人の比率も、それぞれ三二・二％、二二・〇％となっている。とはいえ、親と同居している人々が親に経済的に依存する、いわゆる「パラサイト・シングル」であるかといえば、必ずしもそうではなく、自分の収入が世帯収入の五〇％以上を占めるという人の比率は五五・一％となっている。このように、収入が多いとはいえない娘に経済的に依

存している親が多いというのは、「〈独身貴族〉たち」と同じである。「子どもにはできるだけ多くの財産を残してやるのがよい」と考える人の比率は五四・六％と二番目に高い。実はこの比率がいちばん高いのは「〈独身貴族〉たち」（五四・七％）で、両者とも、経済力のない親たちに対する不満から、このように答えているのかもしれない。

既存のジェンダー秩序に否定的

政治への関心は高くないようで、選挙でいつも投票するという人の比率は三九・六％と六番目に低く、自民党支持率が一八・一％と七番目に低い一方、その他の政党の支持率も七・七％と二番目に低くなっていて、支持政党のない人が七四・二％と三番目に多くなっている。「チャンスが平等にあたえられるなら、競争で貧富の差がついてもしかたがない」と考える人の比率が四八・三％と平均を上回る一方、「今後、日本で格差が広がってもかまわない」と考える人の比率は一五・八％と三番目に低くなっていて、格差があることそのものには否定的ではないとしても、格差が拡大することに対しては否定的だといえる。いまの日本に「正規／非正規雇用による不公平がある」と考える人が三七・九％と二番目に多くなっていることが、関係しているのかもしれない。

「男性は外で働き女性は家庭を守るべき」と考える人の比率は一七・二%で、職業をもつ女性としてはとくに低い方ではないが、「同性どうしが愛しあってもよい」「結婚しても必ずしも子どもを持つ必要はない」と考える人の比率は、それぞれ七一・一%、六七・四%と、それぞれ全グループ中で二番目と一番目に高くなっている。その意味では、既存のジェンダー秩序に否定的であるといえる。

ひとり暮らしでも、また親と同居していても、生活は楽ではないが、それなりに生活をエンジョイしており、また政治的にはアクティブでないものの、既存のジェンダー秩序に対して静かに抵抗している女たちということができる。

⑫Ⅱ正規労働者階級・シングルマザーグループ［シングルマザー・中層］

彼女らは、正規労働者として働きながら、未婚の子どもと同居して子育てなどを行う、配偶者のいない女性たちである。平均年齢は四五・六歳。職種をみると、もっとも多いのがサービス職（四六・五%）で、二番目が事務職（三四・九%）、次いで販売職（一四・〇%）などとなっている。週平均労働時間は、四一・八時間。個人年収は二九四万円だが、世帯年収は四一八万円と全グループ中で四番目に低く、貧困率が二八・一%と四番目に高くなってい

「シングルマザー・中層」の特徴

豊かではないが、仕事には満足。しかし健康不安を抱える。ジェンダー秩序はきっぱり否定。

		全グループ中の順位
貧困率	28.1%	4位
大卒者比率	16.3%	下から2位
文学全集・図鑑がある	18.6%	下から1位
小説や歴史などの本を読む	18.6%	下から3位
国産の牛肉や野菜を選んで買っている	25.6%	下から1位
仕事に満足している	55.8%	1位
生活に満足している	23.3%	下から2位
抑うつ傾向の疑い	33.3%	1位
タバコをよく吸う	26.2%	2位
子どもにはできるだけ高い教育を受けさせたほうがよい	42.5%	下から1位
男は仕事、女は家庭	7.3%	下から1位
支持政党がない	74.4%	2位

る。とはいえ、この貧困率はあとで取り上げるアンダークラスのシングルマザーの半分以下なので、ここでは「シングルマザー・中層」と呼んでおくことにする。高等教育を受けた人の比率は一六・三%と二番目に低くなっており、この点が「シングル・ライフの女たち」との大きな違いになっており、女性正規労働者階級の下層という性格が強い。

家産や耐久消費財の所有率をみると、平均的なものも多い一方で、食器洗い機（二〇・九%）、衛星放送・ケーブルテレビ（四六・五%）、文学全集・図鑑（一八・六%）などは、それぞれ四番目、二番目、一番目に低くなっている。文化的活動や消費行動は低調で、「クラシック音楽のコンサートへ行く」（四・

七%)、「美術館や博物館に行く」(一八・六%)「小説や歴史などの本を読む」(一八・六%)は、それぞれ一番目、五番目、三番目に低くなっている。また「国産の牛肉や野菜を選んで買っている」(二五・六%)、「無農薬や有機栽培の野菜、無添加の食品を購入している」(七・一%)は、それぞれ一番目と二番目に低くなっており、アンダークラスをも下回る。アンダークラスほど収入が低いわけではないので、おそらく食品の安全性には関心がないのだろう。

仕事の満足度が高いのは正規雇用が影響

なぜか仕事の内容に満足している人の比率が五五・八%と、全グループ中でもっとも高くなっている。職種別にみると、この比率はサービス職で七〇・〇%ときわだって高くなっている。仕事による収入に満足している人の比率は二七・九%と高くはないが、平均を五%ほど上回っている。シングルマザーの大多数が非正規労働者として働いているのに対して、自分は正規雇用の職を確保しているという安心感があるのだろうか。しかし生活に満足している人の比率は二三・三%、自分は「人並みより上」と考える人の比率は一四・三%で、いずれもアンダークラスのシングルマザーに次いで二番目に低い。「健康状態がわるい」という人の比率は一九・〇％で、さほど高くはないが、抑うつ傾向の疑いがある人の比率は三二・三％で、全グループ中で最高となっている。余裕がないのかもしれないが、健康には無頓着なところがあり、「健康に気をつけて食事をしている」という人の比率は九・五％で二番目に低く、「タバコをよく吸う」という人の比率は二六・二％で二番目に高くなっている。子どもの健康が少し心配になってくる。

子どもの教育に対しては消極的で、「子どもにはできるだけ高い教育を受けさせるのがよい」と考える人は四二・五％、「子どもには学校教育のほかに家庭教師をつけたり塾に通わせた方がよい」と考える人の比率は二六・八％で、それぞれ全グループ中で一番目と二番目に低い。ただし学校外教育費支出は月額一万六三〇〇円で、多くはないものの、シングルマザーの三グループ中ではもっとも多かった。

他方、既存のジェンダー秩序を強く否定するところがあり、「男性は外で働き女性は家庭を守るべき」と考える人の比率は七・三％と全グループ中でもっとも低く、「家事や育児には男性より女性が向いている」と考える人の比率は三五・〇％で、二番目に低くなっている。

自民党支持率は一四・〇％で、三番目に低いが、その他の政党の支持率も一一・六％と三番目に低く、支持政党のない人の比率が七四・四％と二番目に高くなっている。「今後、日本で格差が広がってもかまわない」と考える人の比率が、二七・九％と全グループ中で二番目となっているが、これは「どちらともいえない」と、格差拡大を否定しなかった人が二五・六％いたことによるもので、格差拡大を強く支持しているわけではない。「富む者と貧しい者とのあいだの所得の格差を小さくすべきだ」と考える人の比率は六四・三％で、ほぼ平均に等しい。

正規雇用の職を確保していることから、貧困リスクがきわだって高いというわけではないが、やはり生活には多くの不安と不満があり、同時に健康不安も抱えた女性たちである。また性役割分業を否定する傾向が強い点も、特筆すべきだろう。性役割分業を否定する女性というと、高学歴の女性たちを思い浮かべがちだが、こういう女性たちが存在することは注目に値する。

4　アンダークラスの女たち

アンダークラスは二グループ。⑬Ⅰアンダークラスグループと、⑬Ⅱアンダークラス・シングルマザーグループ、である。

⑬Ⅰアンダークラスグループ［アンダークラスの女たち］

彼女たちは、非正規労働者として働いていて、配偶者のない女性たちである。全女性の五・三％という、かなり規模の大きいグループである。このうち未婚の子どもと同居している人々は、次に取り上げる「アンダークラス・シングルマザー」に分類しているのでここには含まれないが、このグループにも別居の子どもがいるケースが二九・五％と、かなり多く含まれている。「アンダークラスの女たち」と呼んでおこう。

平均年齢は四二・九歳。厚生労働省の定義では、フリーターは三四歳以下とされているが、このグループの平均年齢はこの上限を九歳近くも上回っており、三四歳以下の比率は四〇・五％に過ぎない。個人年収は、わずか一六九万円、世帯年収は三〇六万円で、貧困率が二九・一％に達している。高等教育を受けた人の比率は二八・一％で、「共働きの女性労働者たち」「働く主婦・下層」よりやや高くなっている。職種は事務職（二九・四％）、サービス職（二八・八％）、マニュアル職（二二・二％）、販売職（一八・三％）などとなっている。従業先の規模では二九人以下が三九・〇％となっており、この比率は被雇用のグループでは

「アンダークラスの女たち」の特徴

現代日本の最下層に位置する女たち。メンタルに問題を抱えるが、格差には批判的。

		全グループ中の順位
平均世帯年収	306万円	下から3位
貧困率	29.1%	3位
平均月間生活費	14.0万円	下から1位
生活に満足	28.1%	下から3位
自分は幸福	41.7%	下から2位
抑うつ傾向の疑い	32.4%	2位
たいていの人は信頼できる	16.8%	下から1位
競争の自由をまもるよりも、格差をなくしていくことの方が大切だ	55.1%	3位
富む者と貧しい者とのあいだの所得の格差を小さくすべきだ	67.2%	6位
支持政党がない	71.7%	5位

もっとも高くなっている。週平均労働時間は、三二・九時間である。

ひとり暮らしは三二・〇％で、五五・六％が自分の親と同居している。しかし親と同居している人々が豊かかというとそうではなく、世帯年収は四七七万円に過ぎず、貧困率は一六・七％とかなり高い。そして自分の収入が世帯収入に占める比率をみると、五〇％以上の女性たちが三七・五％となっている。先に「〈独身貴族〉たち」「シングル・ライフの女たち」のなかに、家計の半分以上を支えて、むしろ親の方が経済的に依存しているケースが多いことをみたが、これはアンダークラスにもある程度まであてはまる。非正規労働者のアンダークラスが老親を扶養するという、やりきれない構図がここにある。ただし親と同居している人のなかには、同居家族の数で調整した世帯年収（等価所得）が中央値を上回って、比較的豊かな生活をしている人も三割ほど含まれている。

離死別を経験している人の比率は三四・〇％で、この比率は「〈独身貴族〉たち」（一二・四％）、「シングル・ライフの女たち」（一〇・六％）を大幅に上回っている。これは、学校を出てから正規雇用の職に就いたあと、結婚・出産を経て退職し、離死別を経て非正規雇用の職に就いた女性たちが多いからである。

他者一般に対する信頼感が低くメンタルに問題

月間生活費は一四・〇万円と、全グループ中で最低となっている。ただし、それなりに生活を楽しむことのできている女性たちが一定程度いるようで、「雑誌や本で取り上げられたレストランに行く」という人の比率は三三・三％で、平均を下回ってはいるものの三割を超え、「クラシック音楽のコンサートへ行く」「美術館や博物館に行く」という人の比率は、それぞれ一三・一％、二六・七％と、ほぼ平均並みとなっている。

生活に満足しているという人の比率は二八・一％で三番目に低く、自分は幸福だという人の比率は四一・七％で、二番目に低い。「健康状態がわるい」という人の比率は一八・〇％で、平均をわずかに上回る程度だが、抑うつ傾向の疑いのある人の比率は三二・四％で、全グループ中で二番目に高くなっている。他者一般に対する信頼感の指標である「たいていの人は信用できる」という意見に賛成する人の比率が一六・八％で、全グループ中でいちばん低くなっていることも注目される。

経済的な格差に対しては、きわめて批判的だといえる。「競争の自由をまもるよりも、格差をなくしていくことの方が大切だ」と考える人の比率は五五・一％で三番目に高く、「富む者と貧しい者とのあいだの所得の格差を小さくすべきだ」と考える人の比率は六七・二％と、全グループ中で六番目に高い。いまの日本には「正規／非正規雇用による不公平がある」と考える人の比率も三三・六％で、五番目に高くなっている。しかし政治に対する関心は弱く、選挙でいつも投票しているという人は二八・八％と三番目に少なく、自民党支持率は一五・二％と六番目に低いが、他の政党を支持する人が多いわけではなく、支持政党のない人が七一・七％と五番目に多くなっている。

次に取り上げるアンダークラスのシングルマザーとともに、現代日本の最下層であり、現代の階級社会の矛盾がもっとも集中する女性たちである。一部には親と同居して普通に生活している女性たちもいるが、やがて親は引退し、彼女たちが非正規雇用の低収入で親の面倒をみなければならないときがやってくる。将来に深刻な不安を抱えているのである。

⑬Ⅱアンダークラス・シングルマザーグループ［シングルマザー・下層］

彼女たちは、非正規労働者として働いていて、配偶者がなく、未婚の子どもと同居して子育てなどをしている女性たちである。全女性に占める比率は三・一％で、ここで取り上げたシングルマザー三グループ全体の五五・九％を占めている。配偶関係は離死別が九一・一％、未婚が八・九％である。平均年齢は四六・四歳。職種をみると、マニュアル職が三八・九％ともっとも多く、この比率は全グループ中でもっとも高い。次いで多いのはサービス職（二七・八％）で、以下、販売職（二一・一％）、事務職（一一・一％）などとなっている。高等教育を受けた人の比率は一三・三％で、全グループ中でもっとも低い。個人年収は一六八万円だが、世帯年収はわずか三〇〇万円と、無職のシングル女性に次いで低く、貧困率は実に六一・〇％に達している。資産総額もわずか五四七万円で、資産がまったくない人が三五・六％と三分の一以上を占める。あらゆる点で下層的性格の強いグループで、「シングルマザー・下層」と呼んでおくことにする。

「シングルマザー・下層」の特徴

文字通り、現代日本の最下層。格差に批判的だが、その声は政治に届かない。

		全グループ中の順位
平均世帯収入	300万円	下から2位
貧困率	61.0%	1位
平均資産総額	547万円	下から1位
大卒比率	13.3%	下から1位
クーラー・エアコンの所有率	83.7%	下から1位
高速インターネット回線所有率	36.0%	下から1位
生活に満足している	17.8%	下から1位
健康状態がわるい	25.2%	2位
支持政党なし	76.5%	1位
競争の自由をまもるよりも、格差をなくしていくことの方が大切だ	57.6%	1位
富む者と貧しい者とのあいだの所得の格差を小さくすべきだ	75.2%	1位

彼女たちがアンダークラスとなった遠因は、結婚を機に正規雇用の職を辞めたことにある。初職時点での所属階級をみると、二一・二%が新中間階級、六八・九%が正規労働者階級だった。しかしその多くは結婚後に専業主婦、または非正規労働者となった。また初職時点から非正規労働者だった人が二七・八%おり、その大部分は非正規労働者を続けてパート主婦となるか、または専業主婦となった。離死別前後の職歴を細かくみると、離死別一年前の時点では四三・六%が無職、四四・九%が非正規労働者だった。そして離死別後、無職の女性たちは非正規の職を得てアンダークラスとなり、パート主婦だった女性たちはアンダークラスへと移行したのであ

る。結婚時に就業を継続しなかったこと、あるいはできなかったことが、彼女たちを最下層へ突き落とす結果を生んだといえる。

家産や耐久消費財の所有率は低く、持ち家率（四八・九％）、ピアノ（一〇・五％）、食器洗い機（一一・六％）、クーラー・エアコン（八三・七％）、衛星放送・ケーブルテレビ（四〇・七％）、高速インターネット回線（三六・〇％）など、多くが全グループ中で最低となっている。文化的活動は低調で、「クラシック音楽のコンサートへ行く」人の比率は五・七％、「美術館や博物館に行く」人の比率は一六・〇％で、いずれも全グループ中で二番目に低い。

格差拡大に批判的だが政治参加には消極的

仕事の内容に満足している人の比率は三一・五％で、全グループ中で三番目に低く、仕事による収入に満足している人の比率はわずか九・〇％で、全グループ中で最低となっている。生活に満足している人は一七・八％で、二番目に低い「シングルマザー・中層」を五％以上も下回って最低、自分は「人並みより上」だと考える人の比率も一二・四％で最低、自分は幸せだと考える人の比率は四三・七％で、三番目に低くなっている。

「健康状態がわるい」と考える人の比率は二五・二％で、無職のシングル女性の次に高い。

抑うつ傾向の疑いがある人の比率も二八・七％で、五番目に高くなっている。「タバコをよく吸う」という人の比率は二八・七％で全グループ中でもっとも高い。

自民党支持率は八・二％で、全グループ中で最低となっている。その他の政党を支持する人の比率が自民党支持率の二倍近い一五・三％となっているが、比較的多いのは公明党（五・九％）と日本維新の会（四・七％）だった。しかし最大の特徴は、支持政党のない人の比率が七六・五％と、全グループ中でもっとも高くなっていることだろう。選挙でいつも投票しているという人の比率は、わずか二三・〇％で、全グループ中で最低となっている。

当然予想されるように、いまの社会にはさまざまな不公平があると考え、格差拡大に反対する人が多い。「正規／非正規雇用による不公平がある」と考える人の比率は三七・三％で三番目に高く、「チャンスが平等にあたえられるなら、競争で貧富の差がついてもしかたがない」「今後、日本で格差が広がってもかまわない」と考える人の比率は、それぞれ二九・八％、一六・五％で、一番目と四番目に低くなっており、「競争の自由をまもるよりも、格差をなくしていくことの方が大切だ」「富む者と貧しい者とのあいだの所得の格差を小さくすべきだ」と考える人の比率は、それぞれ五七・六％、七五・二％で、いずれも全グループ中でもっとも高い。

全グループ中で、もっとも格差や貧困の現状に問題を感じ、もっとも強く格差拡大に反対する女たちといっていいが、支持政党がなく、投票にも行かず、その声は政治に届いていない。現代日本の最下層であるとともに、もっとも政治から見放された女たちだといっていいだろう。

5 旧中間階級の女たち

旧中間階級女性は、三グループ。⑭旧中間階級―旧中間階級グループ、⑮専業主婦―旧中間階級グループ、⑯パート主婦―旧中間階級グループ、である。

⑭旧中間階級―旧中間階級グループ［家業に生きる女たち］

彼女たちは、夫とともに家業を営む女性たちである。平均年齢は五七・三歳と全グループ中で二番目に高い。本人の個人年収は一四七万円と少ないが、これは家業としての性質上、個人の収入をゼロと答えたり、回答しなかったりした人が多かったことによるもので、さほど意味のある数字ではない。世帯年収は六八八万円で、「専業主婦のコア・グループ」とも

「家業に生きる女たち」の特徴

家業に根ざし、働く女性でありながらも伝統的な規範を維持する、保守的な女たち。

		全グループ中の順位
平均資産総額	3996万円	4位
農林漁業従事者比率	30.6%	1位
インターネットで買い物や予約をする	29.4%	下から2位
仕事による収入に満足	16.8%	下から3位
結婚しても、必ずしも子どもを持つ必要はない	32.5%	下から1位
自民党支持率	33.3%	3位
支持政党なし	50.4%	下から3位
選挙でいつも投票している	58.0%	2位
抑うつ傾向の疑い	8.6%	下から1位

肩を並べる、かなり豊かな女性たちといっていい。ただし自営業という性質上、内部の格差が大きいため、貧困率は一四・五％とやや高くなっている。資産総額は三九九六万円で、全グループ中で四番目に多くなっている。家族構成をみると、夫の親と同居している人の比率が一九・〇％で、全グループ中で最高となっている。代々続く家業に従事する人がかなり含まれるのだろう。職種をみると、農林漁業職が三〇・六％ともっとも多く、次いで事務職（二六・四％）、マニュアル職（二三・二％）、サービス職（一二・四％）、販売職（一一・六％）などで、職種の多様性が特徴といえる。

父親の所属階級をみると、四九・〇％までが旧中間階級で、家業のなかで育った人が多いということができる。初職時点では七九・二％が正規労働者階級、八・三％が新中間階級で、大多数の人はいったん、被雇用の職に就いていたことがわかる。結婚時の夫の所属階級をみると、五四・四％が旧中間階級、三六・〇％が労働者階級で、結婚を通じて夫の家業に入った人が過半数を占めるものの、結婚後に独立して自営業を営むようになった人もかなり多いのである。

耐久消費財の所有率は、平均程度のものが多い。伝統的な消費スタイルを守る人が多いようで、「クレジットカードで買い物をする」という人の比率は四三・七％、「インターネットで買い物や予約をする」という人の比率は二九・四％で、四番目、二番目に低い。しかし「無農薬や有機栽培の野菜、無添加の食品を購入している」という人は一八・一％で、四番目に多くなっている。また「自治会・町内会活動」に参加している人の比率は三四・四％で、二番目に高い。

結婚したら子どもを持つべきと考える

仕事の内容に満足している人の比率は三六・四％で平均を上回っているが、仕事による収入に満足している人は一六・八％と、三番目に低くなっている。収入への満足度を職種別にみると、とくに農林漁業職とマニュアル職で低く、農家と町工場の経営が困難であるらしいことがわかる。しかし自分を「人並みより上」と考える人は三九・三％、自分は幸福だと考える人は六五・〇％で、いずれも平均を五％ほど上回っている。

「男性は外で働き女性は家庭を守るべき」と考える人の比率は二四・八％で、平均を少し上回る程度だが、顕著なのは「同性どうしが愛しあってもよい」「結婚しても必ずしも子どもを持つ必要はない」という考えを明確に拒否することで、それぞれを支持する人は三八・二％、三二・五％で、三番目と一番目に低くなっている。夫とともに家業を支えるだけに、「男性は外で働き女性は家庭を守るべき」という考えには必ずしも肯定的ではないが、子どもを産み育てることやセクシュアリティに関しては、かたくなに伝統的な考えを固守しているといえる。年齢が高いこともあってメンタル的には安定しているようで、抑うつ傾向の疑いのある人の比率は八・六％と、全グループ中でもっとも低かった。

自民党支持率は三三・三％で、資本家階級以外ではもっとも高く、支持政党のない人の比率が五〇・四％と三番目に低い。また選挙でいつも投票するという人の比率は五八・〇％と、全グループ中で二番目に高い。また、旧中間階級全体にいえることだが、「政治活動や選挙運動の支援」をしているという人の比率が二八・八％と高くなっており、保守政治の基盤としての性格もある程度まで維持されているといってよい。ただし格差に対する考え方には、はっきりしないところがあり、「今後、日本で格差が広がってもかまわない」と考える人が二四・〇%と多くなっている反面、「富む者と貧しい者とのあいだの所得の格差を小さくすべきだ」と考える人は六九・〇%と全体で四番目に多くなっている。

伝統的な家業に根ざし、働く女性でありながらも伝統的な規範を維持する、保守的な女性たちということができる。

⑮専業主婦――旧中間階級グループ［職人の妻たち］

彼女たちは、家業や自由業を営む夫をもつ専業主婦である。平均年齢は五六・七歳と三番目に高い。専業主婦というからには夫の個人年収が多いのかといえば、そうではなく、四二九万円と「家業に生きる女たち」より低い。年金収入のある人が半分近くいるので、本人の個人年収が六八万円あるが、それでも世帯年収は五四七万円で、「家業に生きる女たち」より一四〇万円ほど低く、貧困率は一六・一%と高い。ただし資産総額は四二二六万円と全グループのなかで三番目に高い。

夫の職業はマニュアル職（四七・三%）が多く、農林漁業職（一八・三%）がこれに続くが、その性格は、職業小分類でみるとよくわかる。もっとも多いのは農耕・養蚕作業者（一

「職人の妻たち」の特徴

職人の夫を陰で支える、旧中間階級の下層。

		全グループ中の順位
平均資産総額	4226万円	3位
夫の従業員規模1人	60.2%	2位
通信販売のカタログで買い物をする	62.3%	1位
無農薬や有機栽培の野菜、無添加の食品を購入している	25.3%	1位
健康に気をつけて食事をしている	27.5%	4位
健康のために運動をしている	58.3%	1位
生活に満足	45.2%	4位
自民党支持率	31.8%	4位
支持政党なし	50.0%	下から2位

六人）だが、これに大工、れんが積工・配管工、鉄工・板金工、電気工事・電話工事作業者、土木・建築請負師、塗装工・画工・看板工、左官・とび職、あん摩・はり・きゅう師・柔道整復師などが続く。つまり夫個人の熟練にもとづく個人営業的なものが多く、簡単に妻が手伝えるようなものではない。いわば、手に職をつけた職人の夫たちを裏で支える妻たちということができる。従業員数は「一人」が六〇・二％を占めている。専門職が一七・二％含まれるが、これも宗教家、文芸家・著述家、彫刻家・画家・工芸美術家、個人教師などで、やはり個人営業的といえる。

耐久消費財の所有率は、平均的、あるいはやや低いというものが多い。消費スタイルは「家業に生きる女たち」と共通で伝統的な印象が強いが、家にいることが多いからなのか「通信販売のカタログで買い物をする」という人の比率が六二・三%で、全グループ中でもっとも高くなっている。インターネットではなく通信販売というところが、古いタイプの専業主婦らしさを感じさせる。もうひとつの特徴は、食の安全性に気を遣っているところで、「国産の牛肉や野菜を選んで買っている」「無農薬や有機栽培の野菜、無添加の食品を購入している」という人の比率は、それぞれ五八・二%、二五・三%で、三番目と一番目に高くなっている。「健康に気をつけて食事をしている」という人の比率は、二七・五%と高く、全グループ中で四番目となっている。また「健康のために運動をしている」という人の比率は五八・三%で、全グループ中で最高となっている。

教育には関心が低く、格差には批判的

家計は楽ではないはずだが、生活に満足している人の比率は四五・二%で意外に高く、全グループ中で四番目となっており、三一・五%が自分を「人並みより上」と考えている。長年にわたって家を守り、夫の仕事を裏で支えてきたという達成感があるのだろうか。

子どもの進学にはあまり関心がないようで、「子どもにはできるだけ高い教育を受けさせるのがよい」「子どもには学校教育のほかに家庭教師をつけたり塾に通わせた方がよい」と

考える人の比率は、それぞれ四七・一％と二七・一％で、三番目と五番目に低くなっており、専業主婦およびパート主婦のなかでは最低である。「男性は外で働き女性は家庭を守るべき」と考える人の比率は三一・八％で三番目に高くなっているところが、「家業に生きる女たち」との違いである。「健康状態がわるい」と考える人の比率が二〇・〇％とやや高いが、抑うつ傾向の疑いのある人の比率は一一・二％と低い。

自民党支持率は三一・八％で、四番目に高い。他方、その他の政党の支持率も一八・二％と五番目に高くなっていて、支持政党のない人の比率は五〇・〇％と二番目に低くなっている。選挙でいつも投票している人の比率は五六・七％と高く、「政治活動や選挙運動の支援」をしているという人の比率も三一・一％と高くなっている。下層的性格が強いだけに、格差に対しては批判的なところがあり、「チャンスが平等にあたえられるなら、競争で貧富の差がついてもしかたがない」と考える人の比率は三三・七％と二番目に低く、「競争の自由をまもるよりも、格差をなくしていくことの方が大切だ」と考える人の比率は五五・四％と二番目に高くなっている。

経営規模が極小の自営業を営む、手に職をつけた夫を陰で支える、旧中間階級の下層としての性格が強い女性たちである。

⑯パート主婦—旧中間階級グループ［「過剰人口」の女たち］

彼女たちは、自営業を営む旧中間階級の夫をもちながら、これとは別に非正規のパート労働者として外で働く女性たちである。平均年齢は四九・九歳で、旧中間階級としては若い。夫の個人年収は三六五万円と全グループ中で最低だが、本人の個人年収が一二九万円あり、世帯年収は五二〇万円となっている。貧困率は五・八％と低いが、見方を変えれば、彼女たちの働きがなければ貧困状態に陥る世帯が多いのだろう。資産総額は一九七一万円で、旧中間階級の他の二つのグループの半分にも満たない。夫が高等教育を受けたという人の比率は二四・七％で、全グループ中で二番目に低い。

本人の仕事はサービス職（三四・二％）がもっとも多く、次いでマニュアル職（二六・〇％）、事務職（二三・三％）が多くなっている。夫の方はマニュアル職（四八・六％）が多く、これを職業小分類でみると、「職人の妻たち」の夫と同様の個人営業的な自営業が多い。専門職（一九・四％）をみても、やはり「職人の妻たち」の夫と同様に個人営業的なものが多く、従業員数は七一・二％までが「一人」で、「職人の妻たち」と比べても事業規模が小さいことがわかる。夫の職業が個人営業的であり、また手伝うにはあまりにも事業の規模が小

「『過剰人口』の女たち」の特徴

旧中間階級下層の夫とともに生きる、下層労働者の女たち。

		全グループ中の順位
夫の平均個人年収	365万円	下から1位
夫が大学卒	24.7%	下から2位
夫の従業員規模が1人	71.2%	1位
美術館や博物館に行く	16.5%	下から3位
健康に気をつけて食事をしている	12.3%	下から4位
家事や育児は女性の方が向いている	53.8%	2位
生活に満足	31.5%	下から5位
富む者と貧しい者とのあいだの所得の格差を小さくすべきだ	69.4%	3位

さすぎることから、生計を立てるために他の職場で働くことになったのだろう。

家産や耐久消費財の所有率は、平均並み、あるいはやや低いものが多い。自営業の家であるにもかかわらず、持ち家率が七五・三%と平均並みにとどまっているのが特徴のひとつである。文化的活動は活発とはいえず、「美術館や博物館に行く」という人の比率は一六・五%で、三番目に低くなっている。「職人の妻たち」のように食の安全性に気遣うようなこともなく、「健康に気をつけて食事をしている」という人の比率は一二・三%と、全グループ中で四番目に低かった。

二重の意味で下層性が強い

生活は楽ではないようで、生活に満足している人の比率はわずか三一・五%と、全グループ中で五番目に低く、自分を「人並みより上」と考える人は一五・一％で、三番目に低い。働く女性たちなので、「男性は外で働き女性は家庭を守るべき」と考える人の比率は一九・七％と低いが、「家事や育児には男性より女性が向いている」と考える人の比率は五三・八％で、二番目に高くなっている。

政党支持では自民党支持率（二四・一％）を他の政党支持率（一八・三％）が上回っているのが特徴で、とくに日本維新の会支持者が七・〇％と多かった。日本維新の会が、「中小企業のおかみさんたち」という、いわば旧中間階級の少し上に立つ女性たちと、旧中間階級の最下層ともいうべき女性たちに共通して支持されているというのは、興味深いことである。いつも選挙で投票しているという人の比率は三九・七％と低いのだが、なぜか「政治活動や選挙運動の支援」をしているという人の比率は三五・六％と二番目に高くなっている。下層的性格が強いだけに、やはり格差に対しては批判的なところがあり、「チャンスが平等にあたえられるなら、競争で貧富の差がついてもしかたがない」と考える人の比率は四〇・〇％と五番目に低く、「富む者と貧しい者とのあいだの所得の格差を小さくすべきだ」と考える人の比率は六九・四％と三番目に高くなっている。

彼女たちが経済構造に占める位置は、「過剰人口」と表現することができる。過剰人口とは、経済学で古くから使われてきた用語で、人口に対して雇用機会が少なすぎることから、職に就くことができなかったり、やむを得ず低所得の職業に従事している人々を指す。彼女たち、そしておそらく夫たちの多くも、収益力のない自営業セクター内部に形成された過剰人口であり、夫たちは細々と事業を続け、彼女たちは夫を自営業に残して労働市場に身を投じ、雇用労働者になったのである。旧中間階級の下層であり、しかも労働者階級の下層でもあるという、二重の意味で下層的性格が強い女性たちだということができる。

6　無職・シングルの女たち

彼女たちは、配偶者のいない無職の女たちである。第2章の終わりの方で説明したように、無職の無配偶者となると、老後を迎えつつある高齢女性と、未婚で親と同居している若年女性という、まったく異なる人々を含むことになる。後者の女性たちの多くはこれから結婚するなどして、他のどれかのグループへ移動する準備段階にあると考えられるので、ここで扱うのは四〇歳から六九歳の女性たちに限定している。

⑰無職・シングルグループ［老いに直面する女たち］

無職で配偶者のない、四〇歳以上の女性たちである。平均年齢は六〇・六歳で、全グループ中でもっとも高く、六〇歳以上が七〇・〇％を占める。配偶関係をみると未婚二六・二％、離別二四・六％、死別四九・二％で、離死別者が約四分の三を占めている。ひとり暮らしが四二・三％で、二六・二％が未婚の子どもと、八・五％が既婚の子どもと、そして一七・七％は自分の親と同居している。つまりひとり暮らしで自分の老いに直面する女性を中心に、離死別を経て子どもと暮らす女性、親の老いを看る女性、そして子どもに頼りながら高齢期を迎える女性など、さまざまな意味で老いに直面する女性たちなのである。

個人年収は一三二万円。全体の四八・八％、そして六〇歳以上の六五・六％が、自分の収入は公的年金だけだと回答している。世帯年収は二三〇万円と極端に少なく、貧困率は五五・九％にも上っており、とくにひとり暮らしの場合は六〇・〇％、離別女性の場合は六九・六％に達する。資産総額は一八一二万円だが、離別女性では一〇六九万円にとどまる。

耐久消費財の所有率は全体に低く、パソコン・タブレットは五九・〇％、高速インターネット回線は四〇・二％で、全グループ中で最低となっている。しかし文化的活動は比較的活

「老いに直面する女たち」の特徴

多くの生活不安をかかえながら老いと向き合う女たち。

		全グループ中の順位
平均年齢	60.6歳	1位
ひとり暮らし比率	42.3%	1位
平均世帯年収	230万円	下から1位
貧困率	55.9%	2位
クラシック音楽のコンサートへ行く	22.8%	3位
美術館や博物館へ行く	32.6%	5位
健康に気をつけて食事をしている	32.8%	2位
健康状態がわるい	30.9%	1位
公明党支持率	8.1%	1位
共産党支持率	5.7%	1位
男は仕事、女は家庭	34.1%	2位
結婚しても、必ずしも子どもを持つ必要はない	39.0%	下から2位

発で、「クラシック音楽のコンサートへ行く」「美術館や博物館に行く」「図書館に行く」という人の比率は、それぞれ二二・八％、三二・六％、二一・一％で、三番目、五番目、五番目に高い。自由に使える時間に恵まれているだけに、おそらくそれぞれに趣味を楽しむ女性たちが多いのだろう。「無農薬や有機栽培の野菜、無添加の食品を購入している」という人の比率は二〇・七％、「健康に気をつけて食事をしている」という人の比率は三二・八％で、いずれも二番目に高くなっている。「健康状態がわるい」という人の比率は三〇・九％で、全グループ中で最高となっているが、これは高齢者が多いからというより、四〇―五〇歳代に「健康状態がわるい」という人が多いからで、六〇歳代

に限れば二三・五％である。抑うつ傾向の疑いがある人の比率も二五・〇％とやや高いが、これも四〇歳代で五五・六％、五〇歳代で五〇・〇％と高く、六〇歳代は一三・一％と低い。このグループの五九歳以下には、病弱のため就業できない人がかなり含まれているようである。

ジェンダー秩序には保守的、自民党以外の党も支持

生活に満足している人の比率は三二・六％、自分を「人並みより上」と考える人は二六・四％で、低いとはいえ最低レベルというわけではない。ただしこれらの比率は、いずれも四〇歳代と五〇歳代で低くなっていて、六〇歳代に限れば四〇・七％、三〇・〇％である。

ジェンダー秩序に関しては保守的で、「男性は外で働き女性は家庭を守るべき」と考える人の比率は三四・一％と全グループ中で二番目に高く、「同性どうしが愛しあってもよい」「結婚しても必ずしも子どもを持つ必要はない」と考える人の比率は、それぞれ三五・六％、三九・〇％で、いずれも二番目に低くなっている。

政治意識をみると、自民党支持率が二五・二％とやや高いが、その他の政党の支持率が二三・六％と全グループ中でもっとも高くなっている。その内訳をみると、公明党が八・一

%、共産党が五・七％で、いずれも全グループ中でもっとも高くなっている。選挙でいつも投票しているという人は四五・六％と、ほぼ平均並みである。格差に対してはあまり一貫した考えがないようで、「チャンスが平等にあたえられるなら、競争で貧富の差がついてもしかたがない」と考える人の比率は三六・五％と四番目に低いのに対して、「今後、日本で格差が広がってもかまわない」と考える人の比率は二七・七％で三番目に高くなっている。

多くが離死別を経験し、安定した収入がなく、多くの生活不安を抱えながら老いと向き合う女性たちである。とくに五〇歳代以下の女性たちの多くは、健康に問題があり、将来に多くの不安を抱えているようである。

7　女たちと階級社会

男性以上に深刻な女性たちの格差

以上のように、本人の所属階級、配偶関係と夫の所属階級を軸に女性たちをみていくと、私たちが普通にイメージできる範囲内の、さまざまな女性たちの生活と意識、そして人生行路（ライフコース）が、二〇のパターンのなかにほぼ収まっていることがわかる。本章を読んだ読者は、おそらく、自分の知る女性たちがこのなかの何種類かのパターンにあてはまると感じたと思う。そして知人のなかにはいないタイプの女性たちについても、その実像をある程度まで思い描くことができるようになったと思う。

たしかに彼女たちの人生を決定する要因は、男性に比べれば複雑である。しかしそれでも、彼女たちの人生の多くは、本人の所属階級、配偶関係、夫の所属階級というわずかな要因によって決定されているのである。そして彼女たちは、本人と夫の両方が資本家階級や新中間階級であるなど、有利な条件が重なる場合にはきわめて豊かな生活を送ることができるが、本人と夫の両方が下層階級だったり、本人が下層階級または無職で配偶者がないなど、不利な条件が重なる場合には、きわめて厳しい生活を送ることになる。また新中間階級や正規労働者階級であっても、配偶者のいない場合には、配偶者のいる場合に比べればかなりの困難を強いられることが少なくない。このように彼女たちの間の格差は、男性以上に深刻である。

実はこれらのグループの多くは、人生行路の上でつながっている。それは、次のようにイメージできよう。

女性たちの多くははじめ、若い独身の新中間階級である「⑦I〈独身貴族〉たち」、または若い独身の正規労働者階級である「⑫Ｉシングル・ライフの女たち」として社会に出る。何年かのち、彼女たちの多くは、学歴と職種などに規定されながらも人生のパートナーを見つけ、人生の次のステージに進む。ここで彼女たちの人生を決めるのは、第一にどの階級のパートナーを得るか、第二にフルタイムの仕事を続けるか否か、続けない場合は専業主婦となるか、あるいはパート主婦となって働くか、である。これによって彼女たちの生活は大きく規定され、その人生は十数種類のパターンに分かれるのである。

ライフステージの変化が階級の移動をもたらす

ただし、一部の女性たちは学校卒業後に、若い独身の非正規労働者である「⑬Ｉアンダークラスの女たち」として社会に出る。初職時点でアンダークラスだった男性は、結婚する可能性が低いことがわかっているが、女性の場合は男性に比べると結婚可能性がいくぶん高い。二〇一五年ＳＳＭ調査データによると、初職がアンダークラスだった三〇歳から六九歳の人の未婚率は、男性では四一・六％であるのに対して、女性では一六・五％にとどまっている。とはいえ、未婚のアンダークラスであり続けたり、結婚後に離死別を経てアンダークラスに還流する可能性は低くはなく、実際、「⑬Ｉアンダークラスの女たち」のうち四三・

七%は初職時点でもアンダークラスだった。

一部の女性たちは、結婚後に夫とともに上昇移動を果たす。新中間階級の夫を得た「④専業主婦のコア・グループ」の一部は、夫が経営者へと昇進することによって、「②経営者の妻たち」となるだろう。また労働者階級の夫を得た「⑨共働きの女性労働者たち」や「⑪労働者階級の妻たち」の一部は、夫が独立して経営者になることによって、「①中小企業のおかみさんたち」または「②経営者の妻たち」となるだろう。夫の営む事業の規模が小さいために「⑭家業に生きる女たち」や「⑮職人の妻たち」などになる可能性もある。

また一部の女性たちは、「⑦I〈独身貴族〉たち」または「⑫Iシングル・ライフの女たち」として生活を続けるが、いったん結婚した女性たちの一部も、離死別を経てここに流れ込んでくる。しかし、この二つに流れ込むことのできるのは、ひと握りの恵まれた女性たちに限られる。多くの場合、彼女たちは非正規雇用の職しか見つけることができず、アンダークラスである「⑬Iアンダークラスの女たち」、あるいは「⑬Ⅱシングルマザー・下層」へ流入することになる。このため「⑬Iアンダークラスの女たち」の配偶関係は、二〇歳代では一〇〇%が未婚であるのに対し、年齢とともに離死別者が急増し、三〇歳代では八・三%、四〇歳代では一五・〇%、五〇歳代では五七・九%、六〇歳代では九〇・〇%が離死別者となっている。

やがて老後がやってくる。現状では、多くの既婚女性たちは夫と死別したあとの数年から十数年ほどの間を、「⑰老いに直面する女たち」として生きることになる。独身女性たちは、退職することによってここに流入する。彼女たちは、今回の集計対象とした六九歳以下の女性全体のなかでは四・五％を占めるに過ぎず、二〇一五年ＳＳＭ調査の対象である七九歳まで範囲を拡げても一一・七％である。しかし女性の方が平均寿命が長く、しかも女性が年下のカップルが多い現状では、「⑰老いに直面する女たち」は、実は大多数の女性が人生の最後の時期に、必然的に到達する段階を示しているのである。

こうして結婚と離死別を境に、彼女たちが階級構造のなかに占める位置は、大きく変わる。女性は男性たちとは違ったしかたで、しかし確実に、むしろ男性たちよりも深刻な形で、階級社会を経験するのである。

17　本章では、二〇グループの女性たちだけではなく、必要に応じて、その夫たちについてのデータも示しているが、これについて説明を加えておきたい。ＳＳＭ調査では、回答者の配偶者の学歴、現在の職業と結婚時の職業、個人収入について尋ねている。これに対して生活満足度や階層帰属意識、政治意識や政党支持、生活時間などについては、本人の回答しかないので、これらを女性たち本人とその配偶者の間で直接に比較することはできない。しかし配偶者の職業に対する回答を用いれば、男性の回答者を「資本家階級の妻をもつ夫」「新中間階級の妻をもつ夫」「専業主婦の妻をもつ夫」などと分類することができる。このため、実際には夫婦ではない女性と男性の間の比較にはなるが、二〇グループのなかで夫のいる一三のグループについて、妻である女性と夫である男性の意識や行動を比較することができる。本章や第6章で示す男性についてのデータには、このように集計して得られたものが含まれている。

図表４・補１　各グループの経済状態

（%）

		住宅ローンあり	年金収入あり	持ち家	賃貸住宅
資本家階級					
①	中小企業のおかみさんたち	41.8	**23.9**	**92.8**	7.2
②	経営者の妻たち	33.3	22.9	**93.7**	6.3
新中間階級					
③	ダブル・インカムの女たちⅠ	**56.8**	0.0	79.1	18.9
④	専業主婦のコア・グループ	48.5	6.2	73.6	21.2
⑤	働く主婦・上層	**62.4**	2.6	**80.2**	17.2
⑥	階級横断家族の女たち	51.5	1.9	71.5	24.8
⑦Ⅰ	〈独身貴族〉たち	24.1	4.2	71.1	**28.1**
⑦Ⅱ	シングルマザー・上層	52.0	3.6	53.6	**46.4**
労働者階級					
⑧	ダブル・インカムの女たちⅡ	**65.4**	0.0	70.8	**25.8**
⑨	共働きの女性労働者たち	49.1	7.0	75.5	22.8
⑩	働く主婦・下層	**53.0**	7.9	76.6	21.9
⑪	労働者階級の妻たち	37.9	19.0	72.0	24.3
⑫Ⅰ	シングル・ライフの女たち	25.4	2.7	74.6	24.8
⑫Ⅱ	シングルマザー・中層	39.5	14.3	60.5	**39.6**
アンダークラス					
⑬Ⅰ	アンダークラスの女たち	24.1	20.8	73.8	25.5
⑬Ⅱ	シングルマザー・下層	22.7	**27.3**	48.9	**51.1**
旧中間階級					
⑭	家業に生きる女たち	41.0	**38.3**	**94.3**	5.8
⑮	職人の妻たち	39.2	**44.4**	**79.6**	20.5
⑯	「過剰人口」の女たち	**59.1**	12.7	75.3	24.7
無職の無配偶者					
⑰	老いに直面する女たち	11.2	**65.4**	76.2	23.8
	全体	43.2	14.7	75.4	22.8

出典）2015年SSM調査データより算出。20－69歳。

注）各グループ中、上位5つは太字とし、下位5つに下線を付した。－はサンプル数が少ないため不表示とした。「住宅ローン」には一部、他の借入金も含む。

(%)

有配偶の子どもと同居	子どもがいる	月間学校外教育費支出（円）	住宅ローンあり	年金収入あり	持ち家	賃貸住宅
11.6	91.2	**28800**	41.8	**23.9**	**92.8**	7.2
4.2	**100.0**	**41000**	33.3	22.9	**93.7**	6.3
0.0	84.9	**35300**	**56.8**	0.0	79.1	18.9
1.8	90.2	**23700**	48.5	6.2	73.6	21.2
0.5	90.8	20000	**62.4**	2.6	**80.2**	17.2
2.8	89.0	21700	51.5	1.9	71.5	24.8
0.0	10.1	−	24.1	4.2	71.1	**28.1**
0.0	**100.0**	15100	52.0	3.6	53.6	**46.4**
1.1	81.8	**23200**	**65.4**	0.0	70.8	**25.8**
1.7	86.4	19900	49.1	7.0	75.5	22.8
2.2	91.8	18900	**53.0**	7.9	76.6	21.9
1.0	90.3	13700	37.9	19.0	72.0	24.3
1.1	5.8	−	25.4	2.7	74.6	24.8
2.3	**100.0**	16300	39.5	14.3	60.5	**39.6**
6.5	29.5	−	24.1	20.8	73.8	25.5
0.0	**100.0**	10300	22.7	**27.3**	48.9	**51.1**
10.7	**92.3**	11600	41.0	**38.3**	**94.3**	5.8
10.8	91.0	14100	39.2	**44.4**	**79.6**	20.5
4.1	91.7	12400	**59.1**	12.7	75.3	24.7
8.5	71.1	10000	11.2	**65.4**	76.2	23.8
3.1	77.3	20100	43.2	14.7	75.4	22.8

図表4・補2　各グループの世帯構成・子どもの有無と経済状態・居住形態

		ひとり暮らし	自分の親と同居	夫の親と同居	無配偶の子どもと同居
資本家階級					
①	中小企業のおかみさんたち	0.0	2.9	**17.4**	56.5
②	経営者の妻たち	2.1	4.2	6.3	62.5
新中間階級					
③	ダブル・インカムの女たちⅠ	2.0	8.1	13.4	73.8
④	専業主婦のコア・グループ	0.4	2.2	8.8	**78.4**
⑤	働く主婦・上層	0.5	4.1	12.7	76.6
⑥	階級横断家族の女たち	0.0	11.0	9.2	**79.8**
⑦Ⅰ	〈独身貴族〉たち	**38.0**	**58.7**	0.0	0.0
⑦Ⅱ	シングルマザー・上層	0.0	**28.6**	0.0	**100.0**
労働者階級					
⑧	ダブル・インカムの女たちⅡ	0.0	5.6	13.5	75.3
⑨	共働きの女性労働者たち	0.9	13.0	13.9	70.4
⑩	働く主婦・下層	0.3	6.7	**14.7**	72.8
⑪	労働者階級の妻たち	0.0	10.6	7.9	71.2
⑫Ⅰ	シングル・ライフの女たち	**19.8**	**78.2**	0.0	0.0
⑫Ⅱ	シングルマザー・中層	0.0	**27.9**	2.3	**100.0**
アンダークラス					
⑬Ⅰ	アンダークラスの女たち	**32.0**	**55.6**	0.7	0.0
⑬Ⅱ	シングルマザー・下層	0.0	27.8	3.3	**100.0**
旧中間階級					
⑭	家業に生きる女たち	0.0	2.5	**19.0**	57.0
⑮	職人の妻たち	1.1	5.4	**14.0**	46.2
⑯	「過剰人口」の女たち	0.0	1.4	**16.4**	67.1
無職の無配偶者					
⑰	老いに直面する女たち	**42.3**	17.7	2.3	26.2
	全体	7.4	18.6	9.2	58.0

出典）2015年SSM調査データより算出。20－69歳。

注）各グループ中、上位5つは太字とした。ただし分布の偏りを考慮して、「ひとり暮らし」については上位4つまでとした。「－」はサンプルが少ないので非表示としたもの。

（%）

保安	農林漁業	マニュアル	企業規模 29人以下	30～299人	300人以上	官公庁	週平均労働時間（時間）	仕事の内容に満足している	仕事による収入に満足している
0.0	7.4	5.9	85.5	14.5	0.0	0.0	33.5	**43.5**	**42.0**
0.0	0.0	0.7	19.4	30.6	16.7	33.3	37.7	**45.6**	**29.7**
0.0	2.0	19.8	29.6	30.2	34.1	6.1	25.0	36.0	22.3
0.0	0.0	0.0	31.8	34.6	22.4	11.2	38.0	36.7	22.9
0.0	0.0	0.0	25.8	28.3	25.0	20.8	**43.4**	32.2	15.8
0.0	0.0	0.0	28.6	28.6	17.9	25.0	**44.3**	25.0	17.9
0.0	0.0	9.0	21.6	20.5	43.2	14.8	39.8	34.8	21.6
0.9	0.0	25.2	24.6	36.8	36.0	2.6	41.0	40.0	19.1
0.3	1.3	37.2	34.3	32.5	28.1	5.1	26.2	31.7	23.5
0.0	1.1	11.1	23.4	34.2	29.9	12.5	**43.2**	30.9	21.8
0.0	0.0	4.7	32.6	27.9	30.2	9.3	41.8	**55.8**	27.9
0.7	0.7	22.2	39.0	27.2	30.1	3.7	32.9	37.5	19.1
0.0	1.1	38.9	33.3	24.4	39.7	2.6	32.8	31.5	9.0
0.0	30.6	13.2	100.0	0.0	0.0	0.0	34.5	36.4	16.8
0.0	0.0	26.0	37.5	28.1	26.6	7.8	24.7	32.9	**28.8**
0.2	2.9	17.4	36.3	27.7	26.1	9.8	34.3	35.9	22.2

図表4・補3　有職の15グループの職種・企業規模・労働時間と仕事への満足度

		職種				
		専門	管理	事務	販売	サービス
資本家階級						
①	中小企業のおかみさんたち	4.4	4.4	55.9	5.9	16.2
新中間階級						
③	ダブル・インカムの女たちⅠ	94.6	2.0	1.3	0.0	1.3
⑤	働く主婦・上層	0.0	0.0	44.7	14.7	18.8
⑥	階級横断家族の女たち	92.7	0.0	5.5	0.9	0.9
⑦Ⅰ	〈独身貴族〉たち	91.7	0.8	4.1	2.5	0.8
⑦Ⅱ	シングルマザー・上層	96.4	3.6	0.0	0.0	0.0
労働者階級						
⑧	ダブル・インカムの女たちⅡ	0.0	0.0	68.5	7.9	14.6
⑨	共働きの女性労働者たち	0.0	0.0	38.3	15.7	20.0
⑩	働く主婦・下層	0.0	0.0	22.1	14.7	24.4
⑫Ⅰ	シングル・ライフの女たち	0.0	0.0	61.9	9.0	16.9
⑫Ⅱ	シングルマザー・中層	0.0	0.0	34.9	14.0	46.5
アンダークラス						
⑬Ⅰ	アンダークラスの女たち	0.0	0.0	29.4	18.3	28.8
⑬Ⅱ	シングルマザー・下層	0.0	0.0	11.1	21.1	27.8
旧中間階級						
⑭	家業に生きる女たち	5.8	0.0	26.4	11.6	12.4
⑯	「過剰人口」の女たち	0.0	0.0	23.3	16.4	34.2
	全体	21.0	0.4	29.6	11.0	17.5

出典）2015年SSM調査データより算出。20−69歳。

注）満足度は「満足している」という回答の比率（「どちらかといえば満足」を含まない）。労働時間と満足度については、上位3つを太字とし、下位3つには下線を付した。

(%)

			企業規模				
保安	農林漁業	マニュアル	29人以下	30~299人	300人以上	官公庁	週平均労働時間（時間）
0.0	7.4	19.1	88.4	11.6	0.0	0.0	51.6
0.0	0.0	18.8	35.4	37.5	25.0	2.1	47.3
0.7	0.0	4.1	8.3	24.8	36.1	30.8	46.0
0.4	0.9	3.5	9.0	19.1	55.3	16.6	47.2
1.5	0.0	9.3	12.4	23.7	47.9	16.0	45.4
5.5	1.8	62.4	27.4	35.8	29.5	7.4	42.7
0.0	0.0	6.7	11.1	24.7	46.9	17.3	46.1
3.5	0.0	71.3	33.0	33.0	30.1	3.9	44.9
6.4	2.2	64.7	30.8	35.2	29.6	4.5	44.9
6.8	2.4	60.6	26.4	28.1	34.5	11.1	39.8
0.0	31.7	25.8	100.0	0.0	0.0	0.0	50.7
0.0	18.3	47.3	100.0	0.0	0.0	0.0	42.5
0.0	8.3	48.6	100.0	0.0	0.0	0.0	41.8
2.9	4.5	37.1	37.3	22.7	30.1	9.8	45.1

図表４・補４　有配偶の１３グループの夫の職種・企業規模と労働時間

		職種				
		専門	管理	事務	販売	サービス
資本家階級						
①	中小企業のおかみさんたち	17.6	11.8	5.9	23.5	14.7
②	経営者の妻たち	4.2	45.8	14.6	14.6	2.1
新中間階級						
③	ダブル・インカムの女たちⅠ	45.3	8.8	31.8	8.1	1.4
④	専業主婦のコア・グループ	36.7	11.5	35.8	8.8	2.2
⑤	働く主婦・上層	27.8	11.3	41.8	7.2	1.0
⑥	階級横断家族の女たち	0.0	0.0	1.8	20.2	8.3
労働者階級						
⑧	ダブル・インカムの女たちⅡ	22.5	11.2	48.3	7.9	3.4
⑨	共働きの女性労働者たち	0.0	0.0	2.6	17.4	5.2
⑩	働く主婦・下層	0.0	0.0	5.1	15.7	5.8
⑪	労働者階級の妻たち	0.0	0.0	5.5	15.1	9.6
旧中間階級						
⑭	家業に生きる女たち	8.3	0.8	2.5	19.2	11.7
⑮	職人の妻たち	17.2	0.0	2.2	11.8	3.2
⑯	「過剰人口」の女たち	19.4	0.0	5.6	16.7	1.4
	全体	14.7	5.4	16.4	13.6	5.4

出典）2015年SSM調査データより算出。20－69歳。

注）夫の労働時間は、妻の職業によって分類した男性回答者の回答から計算したものであり、女性回答者の夫の労働時間そのものではない。

(%)

	結婚しても必ずしも子どもを持つ必要はない	子どもにはできるだけ高い教育を受けさせるのがよい	子どもには学校教育のほかに家庭教師をつけたり塾に通わせた方がよい	子どもにはできるだけ多くの財産を残してやるのがよい
	48.4	**69.7**	**41.6**	36.9
	40.0	**73.4**	41.4	30.4
	63.7	**75.0**	**44.4**	**48.1**
	53.4	67.5	**42.0**	**51.2**
	52.1	**75.1**	**44.3**	39.6
	55.2	54.3	32.3	41.2
	66.3	63.1	22.7	**54.7**
	40.7	57.1	39.2	28.0
	54.0	**79.2**	**44.4**	**50.0**
	47.3	46.8	29.8	47.7
	50.5	57.2	37.4	43.9
	50.0	54.0	33.7	46.0
	67.4	51.5	29.8	**54.6**
	54.8	42.5	26.8	25.0
	55.9	51.1	26.9	47.3
	48.8	52.4	39.3	38.5
	32.5	65.8	26.9	29.3
	47.7	47.1	27.1	31.3
	49.2	55.3	29.2	40.9
	39.0	62.0	32.7	27.0
	52.2	60.2	35.0	43.3

図表4・補5　各グループのジェンダー意識・子どもに関する意識

		男性は外で働き女性は家庭を守るべきである	男の子と女の子は違った育て方をすべきである	家事や育児は男性より女性が向いている	同性どうしが愛しあってもよい
資本家階級					
①	中小企業のおかみさんたち	**29.4**	**36.9**	**52.2**	51.6
②	経営者の妻たち	**39.5**	**44.2**	**71.1**	46.4
新中間階級					
③	ダブル・インカムの女たちⅠ	11.6	29.0	40.3	**66.2**
④	専業主婦のコア・グループ	29.0	**35.9**	**50.1**	59.7
⑤	働く主婦・上層	15.6	28.5	40.3	62.7
⑥	階級横断家族の女たち	10.2	19.5	31.5	**68.0**
⑦Ⅰ	〈独身貴族〉たち	15.6	22.9	36.9	**73.8**
⑦Ⅱ	シングルマザー・上層	14.3	23.0	42.8	30.7
労働者階級					
⑧	ダブル・インカムの女たちⅡ	9.3	**32.9**	45.3	**66.3**
⑨	共働きの女性労働者たち	15.6	23.9	36.8	50.5
⑩	働く主婦・下層	22.8	20.8	43.4	52.3
⑪	労働者階級の妻たち	**31.8**	32.2	**49.8**	57.8
⑫Ⅰ	シングル・ライフの女たち	17.2	28.5	45.7	**71.1**
⑫Ⅱ	シングルマザー・中層	7.3	14.6	35.0	55.0
アンダークラス					
⑬Ⅰ	アンダークラスの女たち	23.0	25.0	42.5	57.6
⑬Ⅱ	シングルマザー・下層	17.9	24.1	41.7	50.0
旧中間階級					
⑭	家業に生きる女たち	24.8	24.6	49.1	38.2
⑮	職人の妻たち	**31.8**	20.0	44.8	43.4
⑯	「過剰人口」の女たち	19.7	**37.1**	**53.8**	49.2
無職の無配偶者					
⑰	老いに直面する女たち	**34.1**	29.7	49.2	35.6
	全体	21.8	27.7	44.7	56.8

出典）2015年SSM調査データより算出。20−69歳。

注）「そう思う」「どちらかといえばそう思う」の合計。各グループ中、上位5つは太字とし、下位5つに下線を付した。

(%)

国政選挙や自治体選挙の投票	自治会・町内会活動への参加	クラシック音楽のコンサートへ行く	美術館や博物館に行く	図書館に行く	小説や歴史などの本を読む	国産の牛肉や野菜を選んで買っている	無農薬や有機栽培の野菜、無添加の食品を購入している
63.2	26.5	**23.9**	32.4	7.4	**41.8**	**63.2**	**17.6**
56.5	26.0	**26.7**	**37.8**	20.0	33.3	**66.7**	**18.2**
57.9	**28.3**	**17.8**	**39.1**	**30.8**	**41.1**	43.8	11.0
52.7	24.5	12.4	29.8	**32.0**	**35.1**	47.1	8.9
42.3	27.6	14.9	**35.0**	**25.3**	**38.4**	40.8	7.2
46.8	18.3	8.3	23.9	14.6	18.3	36.1	7.5
42.1	5.8	**20.7**	**38.9**	17.4	**36.3**	35.1	10.7
28.6	10.7	10.7	21.4	**21.4**	32.2	**53.6**	10.7
52.9	23.0	11.4	30.7	17.1	28.4	**56.8**	15.9
33.0	27.7	11.8	12.6	9.1	13.6	35.1	6.3
40.8	**34.7**	10.8	17.9	20.2	21.7	34.9	11.2
42.6	23.2	7.9	18.7	**21.1**	22.8	39.7	9.0
39.6	3.2	12.3	29.9	12.3	31.6	33.9	11.7
34.9	23.3	4.7	18.6	16.3	18.6	25.6	7.1
28.8	14.3	13.1	26.7	10.9	34.1	35.4	12.8
23.0	20.6	5.7	16.0	14.9	19.5	35.6	11.6
58.0	**34.4**	13.5	27.1	17.8	24.6	52.1	**18.1**
56.7	**33.7**	13.2	31.9	16.5	28.6	**58.2**	**25.3**
39.7	**34.2**	12.7	16.5	15.0	26.0	41.1	11.0
45.6	25.6	**22.8**	**32.6**	**21.1**	32.5	48.8	**20.7**
44.3	23.8	13.1	26.5	19.3	28.9	42.0	11.8

している」「たまにする」の合計。「クラシック音楽のコンサートへ行く」「美術館や博物館に行く」は年に1回以上、「図書館に行く」「小説や歴史などの本を読む」は　月に1回以上の比率。「国産の牛肉や野菜を選んで買っている」「無農薬や有機栽培の野菜、無添加の食品を購入している」は「あてはまる」の比率。各グループ中、上位5つは太字とし、下位5つに下線を付した。

図表４・補6　各グループの消費活動・社会的活動・文化的活動

		クレジットカードで買い物をする	インターネットで買い物や予約をする	通信販売のカタログで買い物をする	雑誌や本で取り上げられたレストランに行く
資本家階級					
①	中小企業のおかみさんたち	64.7	58.9	55.9	**45.6**
②	経営者の妻たち	58.7	43.4	**58.7**	39.2
新中間階級					
③	ダブル・インカムの女たちⅠ	**66.2**	**72.4**	**59.3**	**50.3**
④	専業主婦のコア・グループ	**66.5**	65.2	53.1	43.7
⑤	働く主婦・上層	**71.9**	**66.3**	56.2	42.4
⑥	階級横断家族の女たち	57.8	56.9	57.8	44.1
⑦Ⅰ	〈独身貴族〉たち	**67.8**	**76.0**	48.7	**53.3**
⑦Ⅱ	シングルマザー・上層	53.5	57.1	46.4	28.6
労働者階級					
⑧	ダブル・インカムの女たちⅡ	**79.3**	**72.4**	**60.9**	**45.9**
⑨	共働きの女性労働者たち	57.2	44.7	47.4	31.3
⑩	働く主婦・下層	57.0	50.5	52.1	38.5
⑪	労働者階級の妻たち	52.2	44.3	52.9	33.0
⑫Ⅰ	シングル・ライフの女たち	61.5	**71.6**	40.1	**53.0**
⑫Ⅱ	シングルマザー・中層	44.2	53.5	**58.2**	34.9
アンダークラス					
⑬Ⅰ	アンダークラスの女たち	43.6	52.4	38.1	33.3
⑬Ⅱ	シングルマザー・下層	41.3	44.8	44.8	35.6
旧中間階級					
⑭	家業に生きる女たち	43.7	29.4	47.9	20.2
⑮	職人の妻たち	45.6	33.3	**62.3**	24.4
⑯	「過剰人口」の女たち	47.9	45.2	45.2	31.5
無職の無配偶者					
⑰	老いに直面する女たち	36.8	20.8	43.2	30.4
	全体	57.0	53.9	51.1	38.9

出典）2015年SSM調査データより算出。20－69歳。

注）「クレジットカードで買い物」「インターネットで買い物や予約」「通信販売のカタログで買い物」「雑誌や本で取り上げられたレストランに行く」は、「よくする」「たまにする」の合計。「国政選挙や自治体選挙の投票」は「いつもしている」の比率。「自治会・町内会活動への参加」は「いつも

(%)

健康に気をつけて食事をしている	健康のために運動をしている	タバコをよく吸う	お酒をよく飲む
27.9	**57.3**	7.3	26.5
39.1	**54.3**	2.2	23.9
23.4	31.7	4.2	23.5
19.1	39.6	7.5	15.1
17.4	37.0	7.2	18.5
19.3	25.7	10.1	17.4
14.9	**43.8**	9.9	**30.6**
3.6	32.1	14.3	**42.8**
10.2	25.0	3.4	**27.3**
12.5	19.7	15.2	25.9
16.2	35.3	**17.8**	**26.9**
21.5	31.9	9.7	14.1
17.1	31.0	10.7	20.3
9.5	23.8	**26.2**	26.2
14.3	32.0	**18.5**	23.1
17.2	28.7	**28.7**	**27.6**
25.6	43.6	11.1	23.0
27.5	**58.3**	12.1	19.8
12.3	35.6	13.7	16.5
32.8	**57.3**	**17.6**	15.2
19.2	36.3	12.0	21.5

「タバコをよく吸う」「お酒をよく飲む」は「あてはまる」「ややあてはまる」の合計。各グループ中、上位5つは太字とし、下位5つに下線を付した。

図表４・補７　各グループの家事時間・健康状態・生活習慣

		平日の家事時間（分）	週末の家事時間（分）	健康状態がわるい	K6得点9点以上
資本家階級					
①	中小企業のおかみさんたち	307	327	14.7	11.8
②	経営者の妻たち	**450**	395	13.0	10.9
新中間階級					
③	ダブル・インカムの女たちⅠ	281	402	15.3	17.9
④	専業主婦のコア・グループ	**484**	**465**	16.9	18.2
⑤	働く主婦・上層	307	372	9.7	12.9
⑥	階級横断家族の女たち	**311**	**445**	9.2	11.1
⑦Ⅰ	〈独身貴族〉たち	76	144	14.9	**30.0**
⑦Ⅱ	シングルマザー・上層	171	303	**25.0**	**32.1**
労働者階級					
⑧	ダブル・インカムの女たちⅡ	268	**419**	15.9	10.5
⑨	共働きの女性労働者たち	264	**413**	12.5	23.4
⑩	働く主婦・下層	280	347	13.6	18.2
⑪	労働者階級の妻たち	**507**	**486**	**21.8**	20.4
⑫Ⅰ	シングル・ライフの女たち	60	112	11.2	22.6
⑫Ⅱ	シングルマザー・中層	168	266	19.0	**33.3**
アンダークラス					
⑬Ⅰ	アンダークラスの女たち	108	145	18.0	**32.4**
⑬Ⅱ	シングルマザー・下層	251	329	**25.2**	**28.7**
旧中間階級					
⑭	家業に生きる女たち	250	257	13.7	8.6
⑮	職人の妻たち	**383**	370	**20.0**	11.2
⑯	「過剰人口」の女たち	296	371	13.7	19.2
無職の無配偶者					
⑰	老いに直面する女たち	261	233	**30.9**	25.0
	全体	293	342	16.3	19.5

出典）2015年SSM調査データより算出。20－69歳。
注）「健康状態がわるい」は自己評価で「あまりよくない」「わるい」の合計。K6得点は2015年SSM調査で独自に作成された抑うつ尺度で、9点以上の場合には抑うつ傾向が疑われるとされる。「健康に気をつけて食事をしている」は「あてはまる」の比率、「健康のために運動をしている」

(%)

	競争の自由をまもるよりも、格差をなくしていくことの方が大切だ	今後、日本で格差が広がってもかまわない	権威(けんい)のある人々にはつねに敬意をはらわなければならない	以前からなされてきたやり方を守ることが、最上の結果を生む	この複雑な世の中で何をなすべきか知るいちばんよい方法は、指導者や専門家にたよることである	違った考えかたをもった人がたくさんいる方が社会にとって望ましい	富む者と貧しい者とのあいだの所得の格差を小さくすべきだ
	28.3	**29.4**	44.8	28.8	47.6	60.0	50.8
	32.5	21.7	33.4	35.5	**60.0**	**60.9**	65.9
	30.8	**27.5**	40.4	36.2	56.5	**60.3**	50.7
	39.4	20.1	**47.3**	35.1	**58.2**	59.3	64.8
	40.4	23.4	42.7	34.5	**59.7**	58.7	56.0
	34.3	16.6	38.1	36.1	56.0	44.4	62.1
	40.5	18.3	43.2	34.5	**64.9**	**65.5**	**67.8**
	25.9	18.5	**50.0**	**46.4**	48.0	**64.3**	62.9
	28.0	21.8	42.5	28.7	**58.1**	55.2	55.2
	44.0	18.3	**54.2**	**47.7**	54.3	45.3	**70.3**
	47.8	15.4	46.5	42.0	57.7	47.4	65.1
	51.6	19.2	46.9	41.9	56.9	52.1	66.9
	38.5	15.8	**48.1**	31.8	56.3	**63.8**	64.0
	42.9	**27.9**	44.2	37.3	51.3	46.5	64.3
	55.1	15.3	40.3	**46.5**	53.9	51.7	67.2
	57.6	16.5	**54.1**	**44.1**	55.4	51.7	**75.2**
	40.2	**24.0**	45.7	36.0	54.6	42.3	**69.0**
	55.4	18.9	44.2	37.5	52.4	39.1	64.3
	41.6	23.3	36.1	28.8	51.4	52.8	**69.4**
	41.2	**27.7**	34.2	**44.7**	57.4	46.6	63.9
	42.6	20.2	44.4	38.0	56.6	53.4	63.9

の合計。「今後、日本で格差が広がってもかまわない」「権威(けんい)のある人々にはつねに敬意をはらわなければならない」「以前からなされてきたやり方を守ることが、最上の結果を生む」「この複雑な世の中で何をなすべきか知るいちばんよい方法は、指導者や専門家にたよることである」は、「そう思う」「どちらかといえばそう思う」「どちらともいえない」の合計。各グループ中、上位5つは太字とし、下位5つに下線を付した。

図表４・補８　各グループの政党支持・格差意識・権威主義

		自民党支持率	その他の政党支持率	支持政党なし	チャンスが平等にあたえられるなら、競争で貧富の差がついてもしかたがない
資本家階級					
①	中小企業のおかみさんたち	**42.4**	**19.7**	37.9	**57.6**
②	経営者の妻たち	**37.0**	6.5	56.5	**51.1**
新中間階級					
③	ダブル・インカムの女たちⅠ	19.2	14.4	66.4	**53.1**
④	専業主婦のコア・グループ	22.5	11.7	65.8	**52.9**
⑤	働く主婦・上層	21.2	13.0	65.8	46.9
⑥	階級横断家族の女たち	22.2	14.8	63.0	36.4
⑦Ⅰ	〈独身貴族〉たち	12.4	14.9	**72.7**	47.4
⑦Ⅱ	シングルマザー・上層	14.8	**18.5**	66.7	44.4
労働者階級					
⑧	ダブル・インカムの女たちⅡ	22.7	13.6	63.6	**54.7**
⑨	共働きの女性労働者たち	**27.0**	12.6	60.4	47.6
⑩	働く主婦・下層	19.1	17.1	63.9	41.3
⑪	労働者階級の妻たち	21.5	16.9	61.6	47.2
⑫Ⅰ	シングル・ライフの女たち	18.1	7.7	**74.2**	48.3
⑫Ⅱ	シングルマザー・中層	14.0	11.6	**74.4**	42.8
アンダークラス					
⑬Ⅰ	アンダークラスの女たち	15.2	13.1	**71.7**	40.0
⑬Ⅱ	シングルマザー・下層	8.2	15.3	**76.5**	29.8
旧中間階級					
⑭	家業に生きる女たち	**33.3**	16.2	50.4	45.1
⑮	職人の妻たち	**31.8**	**18.2**	50.0	33.7
⑯	「過剰人口」の女たち	14.1	**18.3**	67.6	40.0
無職の無配偶者					
⑰	老いに直面する女たち	25.2	**23.6**	51.2	36.5
	全体	21.5	14.8	63.7	45.2

出典）2015年SSM調査データより算出。20－69歳。
注）「チャンスが平等にあたえられるなら、競争で貧富の差がついてもしかたがない」「競争の自由をまもるよりも、格差をなくしていくことの方が大切だ」「違った考えかたをもった人がたくさんいる方が社会にとって望ましい」「富む者と貧しい者とのあいだの所得の格差を小さくすべきだ」は、「そう思う」「どちらかといえばそう思う」

図表4・補9　各グループの階層意識・不公平感・一般的信頼感 (%)

		生活に満足	自分は「人並みより上」	自分は幸福	性別による不公平がある	正規／非正規雇用による不公平がある	たいていの人は信用できる
資本家階級							
①	中小企業のおかみさんたち	**55.1**	**68.1**	**73.1**	77.3	31.8	**39.7**
②	経営者の妻たち	**64.6**	**74.5**	**78.3**	**91.1**	32.5	**46.7**
新中間階級							
③	ダブル・インカムの女たちⅠ	38.5	**52.4**	**79.0**	**89.5**	28.6	**50.3**
④	専業主婦のコア・グループ	**46.7**	**51.6**	**73.4**	**86.3**	27.5	36.5
⑤	働く主婦・上層	38.6	42.6	68.4	83.0	**39.4**	37.7
⑥	階級横断家族の女たち	35.8	27.1	65.1	82.4	22.4	29.6
⑦Ⅰ	〈独身貴族〉たち	33.9	38.0	53.4	**84.4**	26.7	33.7
⑦Ⅱ	シングルマザー・上層	32.1	28.6	39.3	80.7	14.8	17.9
労働者階級							
⑧	ダブル・インカムの女たちⅡ	**42.7**	**58.6**	**69.4**	**88.5**	21.2	**42.5**
⑨	共働きの女性労働者たち	34.2	20.5	62.2	80.0	29.0	25.9
⑩	働く主婦・下層	28.8	21.2	60.4	79.6	30.6	28.7
⑪	労働者階級の妻たち	36.6	23.7	58.2	82.1	**34.3**	27.4
⑫Ⅰ	シングル・ライフの女たち	38.1	30.3	52.2	83.2	**37.9**	35.8
⑫Ⅱ	シングルマザー・中層	23.3	14.3	50.0	69.0	28.6	27.9
アンダークラス							
⑬Ⅰ	アンダークラスの女たち	28.1	21.3	41.7	78.0	**33.6**	16.8
⑬Ⅱ	シングルマザー・下層	17.8	12.4	43.7	77.9	**37.3**	24.1
旧中間階級							
⑭	家業に生きる女たち	38.8	39.3	65.0	69.6	30.3	**38.3**
⑮	職人の妻たち	**45.2**	31.5	64.8	81.7	28.9	27.3
⑯	過剰人口の女たち	31.5	15.1	56.2	79.1	30.6	22.5
無職の無配偶者							
⑰	老いに直面する女たち	32.6	26.4	47.1	71.4	33.1	29.8
	全体	36.5	33.5	60.8	81.2	31.2	32.2

出典）2015年SSM調査データより算出。20－69歳。

注）「生活に満足している」は「満足」の比率（「どちらかといえば満足」を含まない）。「自分は『人並みより上』」は「上」「中の上」の合計。「自分は幸福」は10点満点で7点以上。「性別による不公平」は「大いにある」「ある」の合計。「正規／非正規雇用による不公平がある」は「大いにある」の比率。「たいていの人は信用できる」は「そう思う」「どちらかといえばそう思う」の合計。各グループ中、上位5つは太字とし、下位5つに下線を付した。

第5章

女はなぜアンダークラスになるのか

前章では、五つの階級に、無職で配偶者のない女たちを加えた、二〇グループの女たちについて、それぞれの特徴を詳しくみてきた。さまざまなことが明らかになったが、なかでももっとも注目されるのは、現代日本の最下層であり、階級社会の矛盾がもっとも集中する、女性アンダークラスである。彼女らは二〇歳から六九歳の全女性の八・四%と、無視できないだけの比率を占め、現代日本における貧困層の、ひとつの典型となっている。彼女らを抜きにして、現代日本社会を語ることはできない。

それでは女たちは、なぜ、どのようにして、アンダークラスとなるのだろうか。社会のどのようなしくみが、女たちをアンダークラスへと突き落とすのだろうか。この問いは、より一般的に、人はなぜアンダークラスになるのかという問いの一部ではあるのだが、実はここにも、男性と女性の間には大きな違いがある。

男性の場合、結婚したからといって、あるいは離婚したからといって、その就業状態が大きく変化することは少ない。結婚して、自営業や中小企業を営む妻の実家に入ったというなら別だが、被雇用者であり続ける場合、職業に大きな変化が生じることはない。

しかし前章のアンダークラスのところで述べたように、女性アンダークラスには、学校を出て就職した最初から、あるいは結婚以前の若いころからアンダークラスだという人々と、いったん正規雇用で就職したあと、結婚または出産を機に退職して専業主婦やパート主婦となり、のちに離婚や死別を経てアンダークラスになった人々とがいる。前者の場合、事情は男性とあまり変わらない。しかし後者は、女性特有の事情でアンダークラスになった人々である。つまり、女はなぜアンダークラスになるのかといった場合、若年期にアンダークラスになるというケースと、結婚と離死別を経てアンダークラスになるというケースの両方を視野に入れる必要がある。

まずは、若年期にアンダークラスになる理由からみていくことにしよう。

なお、この章では主に、二〇二二年三大都市圏調査データを用いる。[18] というのは、この調査では女たちをアンダークラスへと突き落とす原因について、ＳＳＭ調査より多くの調査項目が盛り込まれているからである。

1　若年期にアンダークラスになる理由

フリーターへと導く五つの要因

フリーターという言葉が使われるようになったのは、一九八〇年代の終わりごろからである。最初のころは、いくぶん軽く明るいニュアンスを伴って使われることもあったが、バブル経済の崩壊後、若者の就職難が深刻化してフリーターが激増を始めると、フリーターが格差拡大や若者の貧困と関連付けて論じられるようになった。そして二一世紀の最初のころから、どんな若者がフリーターになりやすいのかという問題について、多くの研究が行われてきた。そしてこれまで、次のような事実が明らかにされてきた[19]。

(1)男性より女性の方がフリーターになりやすい。
(2)大卒者より非大卒者の方がフリーターになりやすい。
(3)出身階層が低い方がフリーターになりやすい。
(4)卒業してから就職までに時間がかかると、フリーターになりやすい。
(5)就職の際に学校の先生の紹介や学校推薦があると、フリーターになりにくい。

フリーターに決まった定義があるわけではないが、多くの場合は、既婚女性を除く三四歳以下の非正規労働者と定義されている。要するに若年アンダークラスのことだから、これらの研究は、どのような若者がアンダークラスになりやすいのかを明らかにしようとしたものと考えてよい。

二〇二二年三大都市圏調査データで初職時点でアンダークラスだった人の比率を男女別にみると、男性が九・〇%、女性が一三・二%、男女計で一一・一%だった。したがって、先の(1)の結論は支持される。それでは、どのような女性がアンダークラスになりやすいのか。詳しくみていこう。

なお、このような分析を行う場合、専門的な研究では、複数の要因を同時に考慮し、統計学的な分析手法を用いて他の要因の影響力を取り除き、各要因の独自の影響力を測定するのが普通である。たとえば出身階層が低い人がフリーターになりやすいという結果が出たとしても、それが出身階層が低いことそのものによるのか、出身階層が低いと学歴が低くなることによるのか、にわかには判断できないからである。しかし専門的になりすぎるきらいがあるので、こうした分析結果については章末の補遺で簡単に触れるだけにしておきたい。

図表5・1は、父親の学歴、一五歳当時の家のくらしむき、本人の学歴、卒業から最初の就職までにかかった期間、就職の際に先生や学校からの紹介があったか否かを区別して、初職時点でアンダークラスだった女性の比率をみたものである。[20]

父親の学歴とアンダークラス比率の間にははっきりした関係がなく、高校程度の場合がや

図表5・1　初職時点でアンダークラスだった女性の比率

父親の学歴	中学程度	11.9%
	高校程度	13.1%
	大学程度	12.1%
15歳当時の家のくらしむき	豊か	12.1%
	やや豊か	13.1%
	ふつう	12.2%
	やや貧しい	14.8%
	貧しい	18.8%
本人の学歴	中学卒	54.9%
	高校卒	16.7%
	高校中退	77.3%
	短大・高専・専門卒	10.2%
	短大・高専・専門中退	63.5%
	大学卒	9.0%
	大学中退	51.8%
卒業から就職までの期間	すぐに（1ヶ月未満）	7.6%
	少ししてから（1〜3ヶ月以内）	41.9%
	だいぶしてから（4ヶ月以上）	43.4%
学校紹介の有無	先生の紹介、学校推薦、学校への求人があった	2.1%
	なかった	20.1%
全体		13.2%

注）2022年三大都市圏調査データより算出。カイ2乗検定の結果では、すべて0.1%水準で有意差が認められる。

や高くなっている。これは少し意外な結果だが、実は「アンダークラスの女たち」と「シングルマザー・下層」を区別して統計学的な分析を行うと、父親の学歴の影響が認められる。これについては、章末の補遺で述べることにする。

一五歳当時、つまり中学三年生当時のくらしむき別にみると、家が豊かだった場合と普通だった場合の間ではほぼ違いが認められないが、家が貧しかった人はアンダークラスになりやすいことがわかる。

中退者のアンダークラス比率の高さ

本人の学歴は、卒業した場合と中退した場合を区別しておいた。中学卒の人は明らかにアンダークラスになりやすく、高校卒以上の場合では、学歴が高いほどアンダークラスになりにくいことがわかる。しかしショッキングなのは、中退者のアンダークラス比率がきわめて高いことである。高校を中退した人は、七七・三％までがアンダークラスになっている。短大・高専・専門中退（六三・五％）、大学中退（五一・八％）と、中退した学校段階が高くなるとアンダークラス比率が低くなる傾向があるが、高校卒よりは学歴が「上位」であるはずの大学中退者でも、アンダークラス比率が半数を超えている。

卒業から就職までにかかった期間も、アンダークラス比率に大きく関係している。すぐに就職した場合はわずか七・六％だが、一ヶ月以上経ってから就職した場合には、アンダークラス比率が四〇％を超えている。「少ししてから」と「だいぶしてから」の間には、ほとんど違いがない。つまりすぐに就職できるか否かが、大きく影響するのである。

学校紹介の有無も、かなり影響が大きい。調査によると、回答者の三八・三％が学校紹介を通じて就職しているが、学校紹介があった場合のアンダークラス比率はわずか二・一％である。学校紹介の効果は、とくに高卒者で大きい。高卒者の場合、学校紹介があった場合のアンダークラス比率はわずか一・三％なのに、なかった場合は四一・八％である。

以上のように、これまでの研究で指摘されてきた要因は、いずれも初職時点でアンダークラスになるか否かに大きく関係していることが確かめられた。なお、複数の要因を同時に考慮した統計学的な分析結果については、章末の補遺に示しておいた。

2　離死別によるアンダークラスへの流入

主婦は危険と隣り合わせの危うい地位

先述のように、多くの女性は離死別を機にアンダークラスへと流入してくる。そのようすをみたのが、図表5・2である。

結婚直前の所属階級をみると、半数以上の五三・八％までが正規雇用（新中間階級または正規労働者階級）で働いており、非正規雇用だったのは二一・二％、無職が二二・七％だっ

図表5・2　離死別経験のある女性アンダークラスの職業経歴

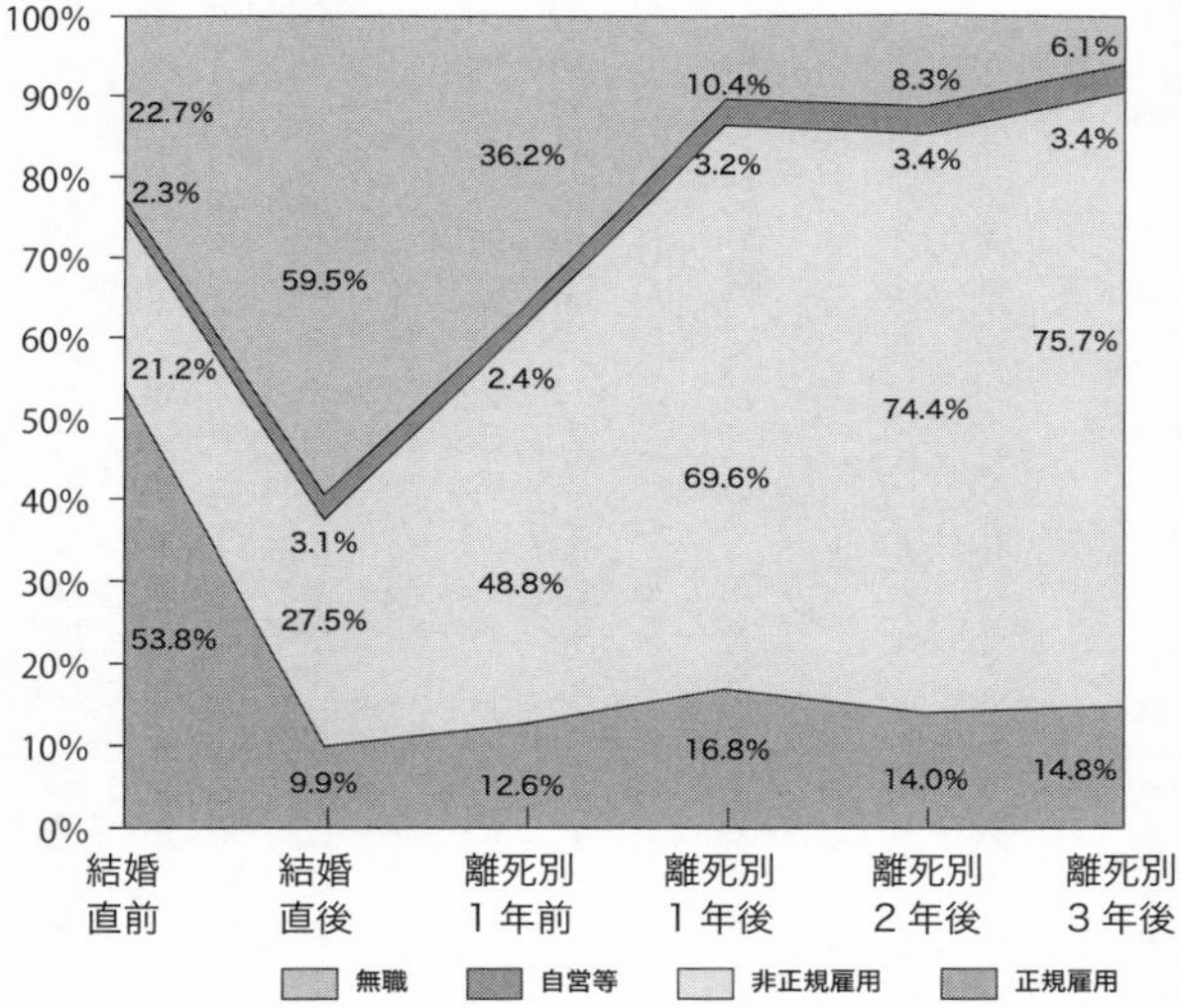

出典）2015年SSM調査データより算出。20－69歳女性。

た。ところが結婚直後には、正規雇用で働いていた女性の大部分が退職して無職、つまり専業主婦となっている。このため無職の比率は五九・五％にまで跳ね上がる。非正規雇用で働いていた女性の多くは、そのまま働き続けてアンダークラスからパート主婦に移行したようだ。

離死別一年前をみると、結婚直後より非正規雇用が増え、その分だけ無職が減っている。離死別までの間に、専業主婦からパート主婦になったのである。そして離死別後には、大きな転機が訪れる。無職は大幅に減って一割を少し上回る程度となる。大部分の女性たちが、生計を立てるため仕事に就いたことがわかる。正規雇用も四％ほど増えているが、大半は非正規雇用、つまりアンダークラスである。無職の比率はその後も減り続け、離死別三年後にはわずか六・一％となる。多くの専業主婦が、離死別を機に非正規の仕事についてアンダークラスへと流入したこと、また多くのパート主婦が、離死別によってアンダークラスへと移行したことがよくわかる。

学校を卒業して社会に出た段階では、多くの女性たちが正規雇用の職をもっていた。ところが結婚すれば家に入るのが当然という通念にしたがって退職したことから、彼女たちは経済的自立の基盤を失った。もはや取り返しがつかないことだが、これが現在の彼女たちの窮状の、そもそもの背景なのである。

このように女性には、いったん専業主婦やパート主婦を経験したあとで、離死別を経てアンダークラスに流入するという、男性とは異なる流入のルートがある。結婚して主婦となり、何不足なく順調に女の人生を歩んでいると思われた女性が、アンダークラスに転落する。主婦という地位は、つねにそんな危険と隣り合わせなのである。

3　アンダークラスを生む子ども時代の経験

二〇二二年三大都市圏調査の特徴のひとつは、子ども時代の経験について詳しく尋ねていることである。具体的には、図表5・3のような質問項目が設けられている。

問39は、親から本を読み聞かせてもらう、勉強を教えてもらう、博物館、動物園、旅行などへ連れて行ってもらうなど、教育的な働きかけや、見聞を広げるような経験を提供されたかを問うものである。問41は、学校外教育を受けた経験である。そして問42は、両親の離婚、両親によるドメスティック・バイオレンス（DV）やニグレクト、学校でのいじめなど、精神的・肉体的にダメージを受けるような経験、そして不登校経験を問うものである。

実はこれらの経験の多くが、アンダークラスになるかどうかに関係している。これを示したのが、図表5・4である。この表は、前章で詳しく検討した女たちの二〇グループを、アンダークラスの二つのグループ、つまり未婚の子どもと同居していない「アンダークラスの女たち」、未婚の子どもと同居している「シングルマザー・下層」と、その他の一八グループを合算してひとつのグループとした「その他の女たち」の三つに分け、それぞれについ

図表5・3　子ども時代の経験に関する設問

問39. 小学校低学年のころまでに、つぎのような経験がありますか。経験したことすべてをあげてください。（いくつでも）

1. 親が本を読み聞かせてくれた
2. 親が勉強を教えてくれた
3. 親に博物館や美術館へ連れて行ってもらった
4. 親に動物園や植物園へ連れて行ってもらった
5. 習いごとをしていた
6. 親に旅行へ連れて行ってもらった
7. どれもなかった
8. わからない

問41. あなたは小・中学生のころに、塾や予備校に通ったり、家庭教師についたりしたことがありますか。つぎのうち、半年以上の経験があるものすべてを選んでください。どれも経験がない場合は、「4. 経験なし」を選んでください。

1. 塾・予備校
2. 家庭教師
3. 通信添削
4. 経験なし

問42. 中学校を卒業するまでの間に、つぎのような出来事を経験しましたか。あてはまるものがあれば、すべて選んでください。（いくつでも）

1. 両親が離婚した
2. 両親のいずれかから暴力をふるわれることが、しばしばあった
3. 両親があなたに必要なもの（3度の食事や必要な日用品など）を用意してくれなかったことが、しばしばあった
4. 学校でいじめにあった
5. 病気でもないのに学校を休みがちになった
6. どれも経験したことはない

て、こうした経験のある人の比率を示したものである。

「親が本を読み聞かせてくれた」という人の比率は、その他の女たちでは四七・七％に上っているが、アンダークラスの女たちでは四三・二％とやや少なく、シングルマザー・下層ではわずか二六・〇％である。「親が勉強を教えてくれた」という人の比率は、その

図表５・４　アンダークラス女性とその他女性の子ども時代の経験

	その他の女たち	アンダークラスの女たち	シングルマザー・下層
親が本を読み聞かせてくれた	47.7	43.2	26.0
親が勉強を教えてくれた	43.6	38.0	28.6
親に博物館や美術館へ連れて行ってもらった	34.3	29.4	18.0
親に動物園や植物園へ連れて行ってもらった	69.3	64.7	64.7
習いごとをしていた	82.7	76.2	79.4
親に旅行へ連れて行ってもらった	76.8	68.9	71.1
どれもなかった	3.3	4.9	5.7
塾・予備校	60.9	52.9	49.7
家庭教師	10.5	9.5	9.0
通信添削	15.2	11.7	8.5
経験なし	29.3	37.9	42.0
両親が離婚した	6.3	9.0	6.4
両親のいずれかから暴力をふるわれることが、しばしばあった	5.7	9.2	9.0
両親があなたに必要なもの（3度の食事や必要な日用品など）を用意してくれなかったことが、しばしばあった	2.4	4.1	4.1
学校でいじめにあった	21.9	27.8	24.7
病気でもないのに学校を休みがちになった	4.9	10.0	6.4
どれも経験したことはない	68.7	57.9	65.5

注）2022年三大都市圏調査データより算出。

他の女たちでは四三・六％だが、アンダークラスの女たちでは三八・〇％と少なく、シングルマザー・下層では二八・六％にとどまる。「親に博物館や美術館へ連れて行ってもらった」という人の比率も大きな差があり、それぞれ三四・三％、二九・四％、一八・〇％となっている。これに対して「親に動物園や植物園へ連れて行ってもらった」「習いごとをしていた」「親に旅行へ連れて行ってもらった」については、アンダークラスの二つのグループでやや比率が小さくなっているとはいえ、それほど大きな違いはない。

学校外教育の経験でも、かなりの差がみられる。もともと比率が小さい「家庭教師」では、あまり違いが目立たないが、「塾・予備校」ではその他の女たちとシングルマザー・下層の間に一一％以上の差がある。「通信添削」でも、シングルマザー・下層は八・五％と小さく、その他の女たちの半分程度にとどまっている。そしてどれも経験がないという人の比率は、その他の女たちが二九・三％にとどまるのに対して、アンダークラスの女たちは三七・九％、シングルマザー・下層は四二・〇％と大きい。

ダメージ経験のある人の比率にも、やはり違いが認められる。「両親が離婚した」という人の比率は、その他の女たちとシングルマザー・下層はいずれも六％程度で違いがないが、アンダークラスの女たちは九・〇％と高い。家庭内ＤＶ経験率は、その他の女たちでは五・七％だが、アンダークラスの二つのグループでは九％程度となっている。ニグレクト（両親があなたに必要なものを用意してくれなかったことが、しばしばあった）の経験率は全体に低いが、その他の女たちが二・四％、アンダークラスはともに四・一％で、差が認められる。いじめの経験は全体でも二割以上とかなり高いが、とくにアンダークラスの女たちで二七・八％と高くなっている。不登校（病気でもないのに学校を休みがちになった）の経験率は、その他の女たちでは四・九％にとどまるが、シングルマザー・下層では六・四％とやや高く、アンダークラスの女たちでは一〇・〇％とかなり高くなっている。

以上をみると、女たちがアンダークラスへと導かれる背景として、子ども時代の経験がかなり重要な意味をもっていることがわかる。

複数の要因を同時に考慮した統計学的な分析結果は、次の補遺に示しておいた。

補　女性アンダークラスに関するロジスティック回帰分析結果

女性の多くが学校を出た時点でアンダークラスに

以上の各節では、単純な集計結果にもとづいて、どのような要因が女たちをアンダークラスへと導くのかについて論じてきた。しかし先に述べたように、こうした要因の影響力について正確な結論を導き出すためには、多変量解析という統計学的な手法を用いて、他の要因の影響力を取り除き、各要因の独自の影響力を測定する必要がある。以下では、ロジスティック回帰分析という手法を用いて、分析結果を示しておく。分析結果の詳細に関心のない読者は、図表の数値は無視して、本文だけをお読みいただければよい。

各要因に関する統計量は、重要な二つだけ示しておいた。「オッズ比」は、それぞれの要因がアンダークラスの二つのグループのそれぞれに所属する確率をどの程度高めるかを示す数字である。ごく大ざっぱには、この数字が一・五とあれば、確率を一・五倍に大きくすると理解してよい。もちろん、確率が一・五倍になるといっても、確率は〇から一の間の値しかとらないから、〇・八だった確率が一・二になるなどということはない。統計学的な分析では一般に、確率Pはオッズ、つまりP÷(1－P)の形に直してから計算する。こうすると確率は、ゼロから無限大の値で示されることになる。オッズ比が示すのは、それぞれの要因が、オッズに直したあとの確率をどれだけ増大させるかである。たとえば確率が〇・八のとき、オッズは四〈0.8÷(1－0.8)＝4〉だから、これが一・五倍になるとすると、オッズは六になる。これに対応する確率は、約〇・八五七〈P÷(1－P)＝6、P≒0.857〉である。オッズが一・五倍ということから、この値をオッズ比というのである。影響力がない場合は確率が変化しないわけだから、オッズ比は一となる。「有意確率」は、統計学的にみてオッズ比が一ではない、つまり影響力があると考えてよいかどうかを示すもので、一般にはこれが五%、つまり〇・〇五より小さければ、影響力があるとみなされる。

図表5・補1に示したのは、女性を初職の時点でアンダークラスへと導く要因についての分析結果である。オッズ比は、それぞれに該当する人々が、比較対象となった人々に比べて、あるいは該当しない人々に比べて、どれだけアンダークラスになりやすかったかを示している。

年齢をみると、五〇歳代以下の人々はいずれも、六〇歳代の人々に比べてアンダークラスになりやすかったということがわかる。しかし、とくにアンダークラスになりやすかったのは三〇歳代と四〇歳代である。この年齢層には、就職氷河期を経験した人が多いからだろう。しかし就職氷河期が終わったあとに学校を出た二〇歳代でも、オッズ比は二・五に達している。すでに日本では、多くの女性たちが学校を出た時点でアンダークラスになることが常態化してしまったといってよい。

一五歳当時の家のくらしむきをみると、家が「豊か」だった人に比べて、「貧しい」、あるいは「やや貧しい」という人がアンダークラスになりやすいということがわかる。一五歳当時の家の経済状態が、アンダークラスになるかどうかに影響しているのである。

本人学歴をみると、大学以外の最終学歴をもつ人はいずれも、大学を出ている人に比べて

図表5・補1　女性の初職時点でのアンダークラス所属を決定する要因に関するロジスティック回帰分析結果

	オッズ比	有意確率
年齢（比較対象：60歳代）		
20歳代	2.515	0.000
30歳代	4.037	0.000
40歳代	4.227	0.000
50歳代	1.490	0.000
15歳当時の家の暮らし向き（比較対象：豊か）		
貧しい	1.346	0.042
やや貧しい	1.413	0.004
ふつう	1.210	0.057
やや豊か	1.218	0.070
本人学歴（比較対象：大学）		
中学	15.981	0.000
高校	3.859	0.000
短大・高専・専門学校	1.741	0.000
中退経験あり	6.624	0.000
卒業（または中退）から就職までの期間（比較対象：すぐに）		
少ししてから（1-3ヶ月以内）	4.943	0.000
だいぶしてから（4ヶ月以上）	4.966	0.000
先生・学校の紹介・推薦で就職した	0.109	0.000
学校でいじめにあった	1.103	0.124
不登校の経験がある	1.744	0.000
定数	0.022	0.000
サンプル数	17809	
NegelkerkekのR2乗	0.349	

注）2022年三大都市圏調査データより算出。

アンダークラスになりやすいが、この傾向は教育年数が短いほど顕著で、オッズ比でみた場合、中卒者は大学卒の人々に比べて実に一六倍ほどアンダークラスになりやすいという結果になった。

学校を中退した人は、卒業した人に比べて六・六倍ほどアンダークラスになりやすい。また卒業してから就職までに一ヶ月以上かかった人は、すぐ就職した人に比べて五倍近くもアンダークラスになりやすい。他方、先生や学校の紹介・推薦で就職した場合は、そうでない場合に比べてアンダークラスになる確率が、オッズ比で一〇分の一程度になる。

学校でいじめを経験した人は、わずかながらアンダークラスになりやすいようだが、オッズ比は統計学的に有意ではない。しかし不登校の経験があると、明らかにアンダークラスになりやすいということがわかる。

アンダークラスになりやすい複数の要因

図表５・補2は、調査時点でアンダークラスだった女性たちが、どのような要因によってアンダークラスへと導かれたのかを示す分析結果である。ただし女性アンダークラスには二つのグループが含まれるので、先の図表５・４と同じように、女性たち全体を「アンダーク

図表5・補2　女性のアンダークラス所属を決定する要因に関する多項ロジスティック回帰分析結果

		オッズ比	有意確率
アンダークラスの女たち	父親学歴(比較対象:大学程度)		
	中学程度	1.043	0.685
	高校程度	1.122	0.143
	本人学歴(比較対象：大学)		
	中学	2.487	0.058
	高校	2.525	0.000
	短大・高専・専門学校	1.562	0.000
	中退経験あり	1.673	0.004
	卒業(または中退)から就職までの期間(比較対象:すぐに)		
	少ししてから(1-3ヶ月以内)	1.766	0.000
	だいぶしてから(4ヶ月以上)	1.895	0.000
	先生・学校の紹介・推薦で就職した	0.736	0.000
	学校外教育を受けた経験がある	0.770	0.000
	学校でいじめにあった	1.367	0.000
	不登校の経験がある	1.535	0.001
	親が本を読み聞かせてくれた	1.013	0.856
	親から暴力を振るわれたことがある	1.337	0.018
シングルマザー・下層	父親学歴(比較対象：大学程度)		
	中学程度	1.649	0.006
	高校程度	1.154	0.380
	本人学歴(比較対象：大学)		
	中学	11.341	0.000
	高校	6.072	0.000
	短大・高専・専門学校	2.351	0.000
	中退経験あり	1.866	0.063
	卒業(または中退)から就職までの期間(比較対象: すぐに)		
	少ししてから(1-3ヶ月以内)	0.720	0.271
	だいぶしてから(4ヶ月以上)	1.048	0.855
	先生・学校の紹介・推薦で就職した	0.836	0.193
	学校外教育を受けた経験がある	1.016	0.906
	学校でいじめにあった	1.028	0.854
	不登校の経験がある	0.824	0.508
	親が本を読み聞かせてくれた	0.644	0.002
	親から暴力を振るわれたことがある	1.487	0.068
サンプル数		11438	
NegelkerkekのR2乗		0.077	

注）2022年三大都市圏調査データより算出。

ラスの女たち」「シングルマザー・下層」「その他の女たち」に分けて、女性たちをアンダークラスの二つのグループそれぞれに導く要因を示している。先の分析が「アンダークラスか否か」という二分法の問題を扱っていたのに対して、こちらは二分法ではないので、多項ロジスティック回帰分析という方法を用いている。

父親の学歴が中学程度だと、女性はシングルマザー・下層になりやすい。しかし高校程度の場合は、大卒程度とあまり差がないようだ。

本人の学歴は、アンダークラスへの所属に強い効果をもつ。学歴が低いほど、アンダークラスになりやすいのである。この傾向は、アンダークラスの女たちよりシングルマザー・下層で、より顕著である。

学校を中退していると、アンダークラスになりやすい。初職でアンダークラスとなり、そのままアンダークラスであり続ける人が多いからだろう。ただしその影響力を示すオッズ比は、初職では六倍にも達していたのに対して、こちらでは二倍にも満たない。その後になって正規雇用に移行することができた人や、逆に正規雇用からアンダークラスに移行する人がいるからである。シングルマザー・下層では有意確率が〇・〇六三となっていて、五％水準では有意ではない。

卒業から就職までの間に空白期間があると、アンダークラスになりやすい。ただしこれは、アンダークラスの女たちに限ったことであり、シングルマザー・下層に所属する確率が高まるわけではない。これは、シングルマザー・下層の多くが、いったんは普通に就職したあと結婚・出産退職し、離死別を経てここに流れ込むことを考えれば、自然なことである。同様に先生・学校の紹介や推薦で就職すると、また学校外教育を受けた経験があると、アンダークラスになりにくいが、これもアンダークラスの女たちに限ったことであり、シングルマザー・下層にはあてはまらない。

学校でいじめにあった経験があったり、不登校になった経験があると、アンダークラスになりやすい。ただしこれも、アンダークラスの女たちにだけいえることで、シングルマザー・下層についてはこのような傾向がみられない。おそらくいじめや不登校は、学校への不適応や成績不振を通じて進路に影響するので、いったんは順調に就職した人が多いシングルマザーには、あまりこのような人が多くないのだろう。

これら学校在学当時の状況や、学校から社会への移行に関する要因は、アンダークラスの所属に影響しているが、その影響力は図表5・補1でみた、初職時点での影響力に比べると、全体に小さいといってよい。社会に出てからの時間の経過とともに、これらの要因の影響力は減衰していくようである。

しかし、初職時点では影響が認められなかったのに、現時点でのアンダークラス所属には影響を与えているのが、親との関係である。子どものころに親から本を読み聞かせてもらった経験のある人は、シングルマザー・下層になりにくい。ただしアンダークラスの女たちでは、このような傾向がみられない。そして最後に、子どものころに親から暴力を振るわれた経験のある人は、アンダークラスになりやすい。これはアンダークラスの女たちでは明らかで、シングルマザー・下層の場合でも、五％水準では有意ではないとはいえ、オッズ比は約一・五となっている。親による暴力が、子どもの人生に深刻な打撃を与えることがわかる。

18　二〇一五年SSM調査データの分析では、正規雇用の女性事務職は新中間階級ではなく、労働者階級に分類した。しかし二〇二二年三大都市圏調査は東京・名古屋・京阪神という大都市圏を対象としていること、またインターネット調査の方法を用いたことから、高学歴のキャリア・ウーマンと思われる回答者が多かった。このため、このデータの分析では正規雇用の女性事務職を男性と同様に新中間階級に分類している。

19　代表的な研究としては、小杉礼子編『自由の代償／フリーター』、小杉礼子『フリーターという生き方』、太郎丸博編『フリーターとニートの社会学』、太郎丸博『若年非正規雇用の社会学』、部落解放・人権研究所編『排除される若者たち』、石田浩「後期青年期と階層・労働市場」、佐藤香「学校から職業への移行とライフチャンス」、橋本健二「労働者階級はどこから来てどこへ行くのか」などがある。

20 学生結婚をした女性の場合、初職が非正規労働者だとアンダークラスではなくパート主婦ということになるが、この調査では結婚した年齢を尋ねていないので、両者を区別することができない。このため、初職が非正規労働者だった人すべてをアンダークラスとみなしている。

第6章

新型コロナ下の女たち

新型コロナ感染症の蔓延が、女性たちに対して、男性たち以上に多くの損害を与えたことは、よく知られている。といっても、女性たちの方が感染しやすかったとか、症状が悪化しやすかったというのではない。多くのデータは、むしろ男性の方が感染しやすく、また重症化しやすかったことを示している。

しかし、経済的な打撃は女性の方が大きかった。多くの商店や飲食店が休業を余儀なくされ、そこで働いていた多くの非正規雇用の女性たちが職を失った。また学校が休校したため、家に居続けることになった子どもたちの面倒をみるために、多くの女性たちは職を休んだり辞めたりせざるを得なかった。本章では新型コロナ感染症の蔓延が女たちにもたらした変化を、二〇二二年三大都市圏調査のデータにもとづいて、階級別にみていくことにする。

なお、この調査が行われたのは二〇二二年の一月から二月にかけてであり、当時は感染が爆発的に拡大する直前の時期にあたっていた。二月の段階でみれば、新型コロナに感染した人の比率は、東京都が七・九五%、愛知県が四・二〇%、大阪府が七・三五%だった。このように、感染がピークに達する前の段階の調査結果であることには注意が必要である。

1　男女別にみた感染状況

調査では、新型コロナ感染症の感染経験を尋ねるため、図表６・１に示したような設問を設けた。選択肢は七つである。１は「感染したことはない」で、これを選択した人は「未感染」と分類する。ただし検査をしたことがない人が、まったく自覚症状がないままに回復して、自分は感染したことがないと考えているケースも、ここに含まれる可能性がある。２―５は感染したことがわかっているというものであり、それぞれ症状の重さが異なるが、まとめて「感染」とみなすことにする。６は「発熱などの症状があったが、検査をしなかったので、感染したかどうかわからない」という、少々問題ありのケースで、「感染の疑い」とみなすことにする。七番目の選択肢として「その他」を設け、これを選んだ人には具体的な内容を記入してもらった。結果的にはこの選択肢を選んだ人はごく少数で、内容も「検査結果待ち」「まったくわからない」などという、無理もないものだったので、集計から除外してある。

図表６・２は、性別・階級別に感染状況を示したものである。感染経験のある人の比率

図表6・1　新型コロナ感染状況についての設問

問29 新型コロナウイルス感染症についてうかがいます。あなたは新型コロナウイルスに感染しましたか。あてはまるもの1つを選んでください。検査を受けたことがない方は、1か6を選んでください。

1. 感染したことはない
2. 感染したが、無症状だった
3. 感染して軽い症状が出たが、入院しなかった
4. 感染して重い症状が出たが、入院しなかった
5. 感染し、症状が出て、入院した
6. 発熱などの症状があったが、検査をしなかったので、感染したかどうかわからない
7. その他（具体的に：　　　　　　　　　　　　　　）

1を「未感染」、2-5を「感染」、6を「感染の疑い」とする。

（感染率）は、全体では男性が四・一三％、女性が二・七二％で、男性の方が高かった。女性では専業主婦の感染率が一・七四％と低くなっていることが、全体の感染率を引き下げているようだ。

階級別にみると、もっとも感染率が高いのは、男女とも資本家階級である。資本家階級といっても、その大部分は中小零細企業の経営者だから、自ら仕入れ先との交渉を行い、営業・接客等の最前線に立ち、多数の社員と日常的に接触している人々である。このため、感染しやすかったのだろう。資本家階級では女性の方が六・九一％と男性より感染率が高くなっているが、詳しく集計すると、配偶者のいない女性資本家階級の感染率が一三・一％と、ひときわ高かった。女手ひとつで経営と営業に奔走したことが原因と思われる。

図表6・2　新型コロナ感染状況（性別・階級別、2022年1-2月時点）

		A.未感染	B.感染	C. 感染の疑い	B+C
男性	資本家階級	93.48%	5.37%	1.15%	6.52%
	新中間階級	94.53%	3.70%	1.77%	5.47%
	正規労働者階級	93.03%	5.22%	1.75%	6.97%
	アンダークラス	92.68%	4.82%	2.50%	7.32%
	旧中間階級	95.17%	2.61%	2.22%	4.83%
	無職	93.63%	3.80%	2.57%	6.37%
	全体	93.92%	4.13%	1.94%	6.08%
女性	資本家階級	91.71%	6.91%	1.38%	8.29%
	新中間階級	95.56%	3.18%	1.27%	4.44%
	正規労働者階級	93.75%	4.34%	1.91%	6.25%
	アンダークラス	95.06%	2.91%	2.03%	4.94%
	パート主婦	96.12%	2.54%	1.34%	3.88%
	旧中間階級	96.12%	2.76%	1.13%	3.88%
	無職	95.58%	2.29%	2.14%	4.42%
	専業主婦	96.98%	1.74%	1.28%	3.02%
	全体	95.83%	2.72%	1.45%	4.17%

注）2022年三大都市圏調査データより算出。男性アンダークラスは59歳以下。

二番目に感染率が高いのは、男女とも正規労働者階級である。同じく正規雇用の新中間階級と比べると、男性で約一・五％、女性で約一・二％高くなっている。リモートワークが容易な新中間階級と異なり、現場に立って働くしかない人々だから、感染のリスクが高かったものと思われる。

アンダークラスの感染率は、男性で四・八二％、女性で二・九一％と、正規労働者階級より低くなっている。ただし注意しておかなければならないのは、アンダークラスで「感染の疑い」の比率が、男性で二・五〇％、女性で二・〇三％と高くなっていることである。とくに男性では「感染」と合計すると七・三一%となり、資本家階級を上回る。おそらくアンダークラスには、感染が判明すると出勤できなくなり収入源を絶たれてしまうため、検査を避けた人が多かったのだろう。このことが、感染拡大のひとつの原因になった可能性がある。

2 仕事の上での変化

調査では、新型コロナ感染症の拡大による最初の緊急事態宣言があった二〇二〇年四月から調査時点までの間に、仕事の上で起こった変化について、さまざまな設問を用いて回答してもらった。そのうち三つについて、男女別・階級別に集計した結果を示したのが、図表6・3の①から③である。

まず①の勤務日数や労働時間が減った人の比率をみると、どの階級でも女性の方が大きくなっていることがわかる。とくに女性と男性の差が大きいのは、資本家階級、正規労働者階級、旧中間階級で、五―七%程度の差がある。次に②の勤務先が休業した人の比率をみると、やはりどの階級でも女性の方が大きくなっている。女性と男性の間の差は①よりかなり

図表6・3①　勤務日数や労働時間が減った人の比率

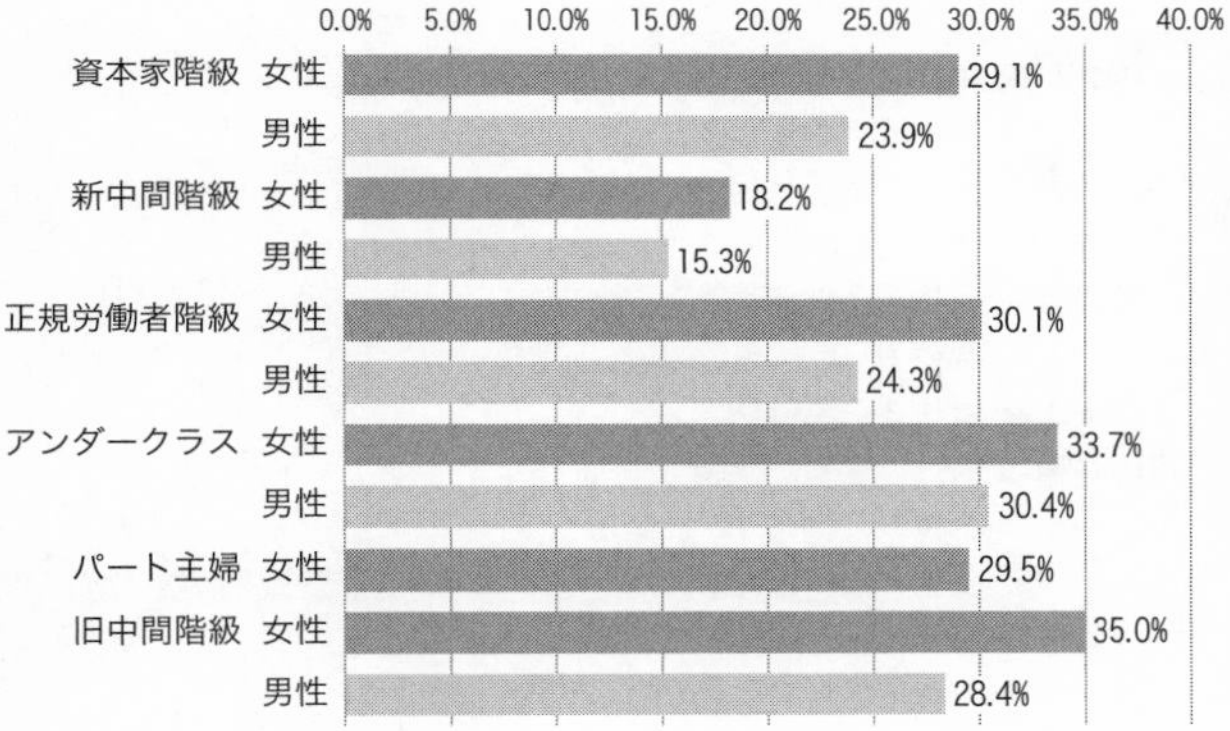

注）2022年三大都市圏調査データより算出。男性アンダークラスは59歳以下。

図表6・3②　勤務先（自営の場合を含む）が休業した人の比率

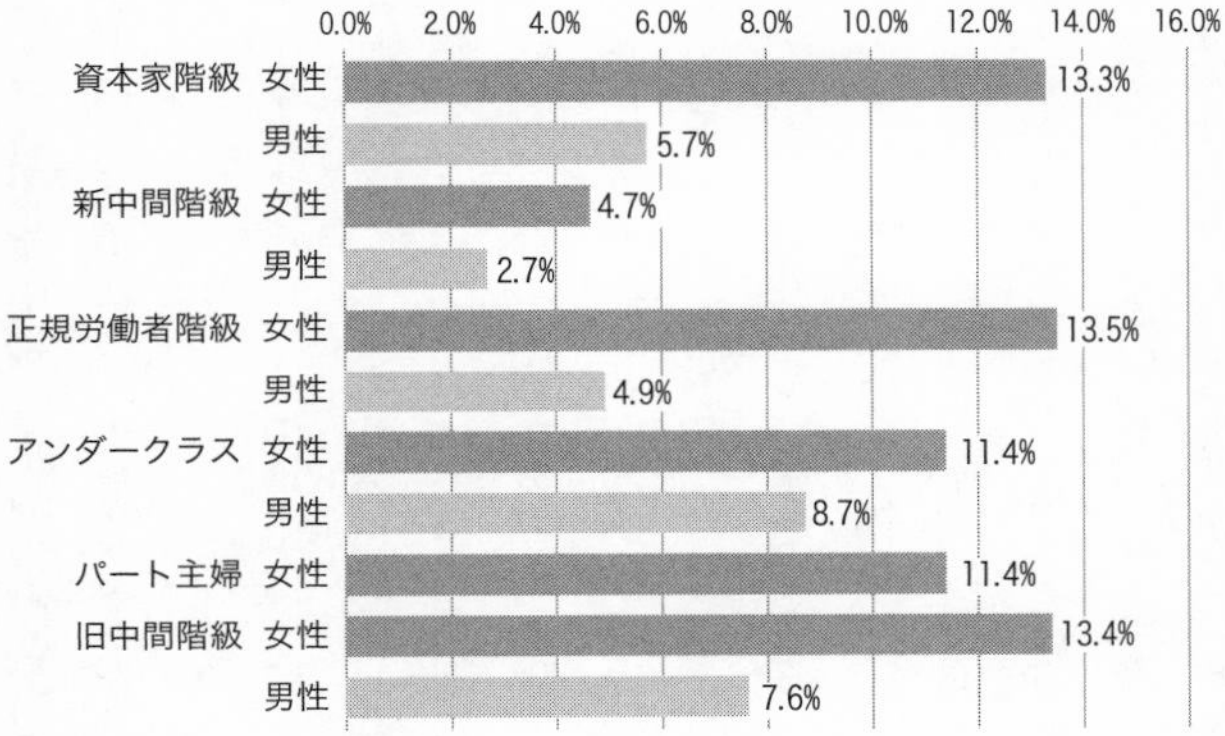

注）2022年三大都市圏調査データより算出。男性アンダークラスは59歳以下。

図表6・3③　解雇や雇い止めにあった人の比率

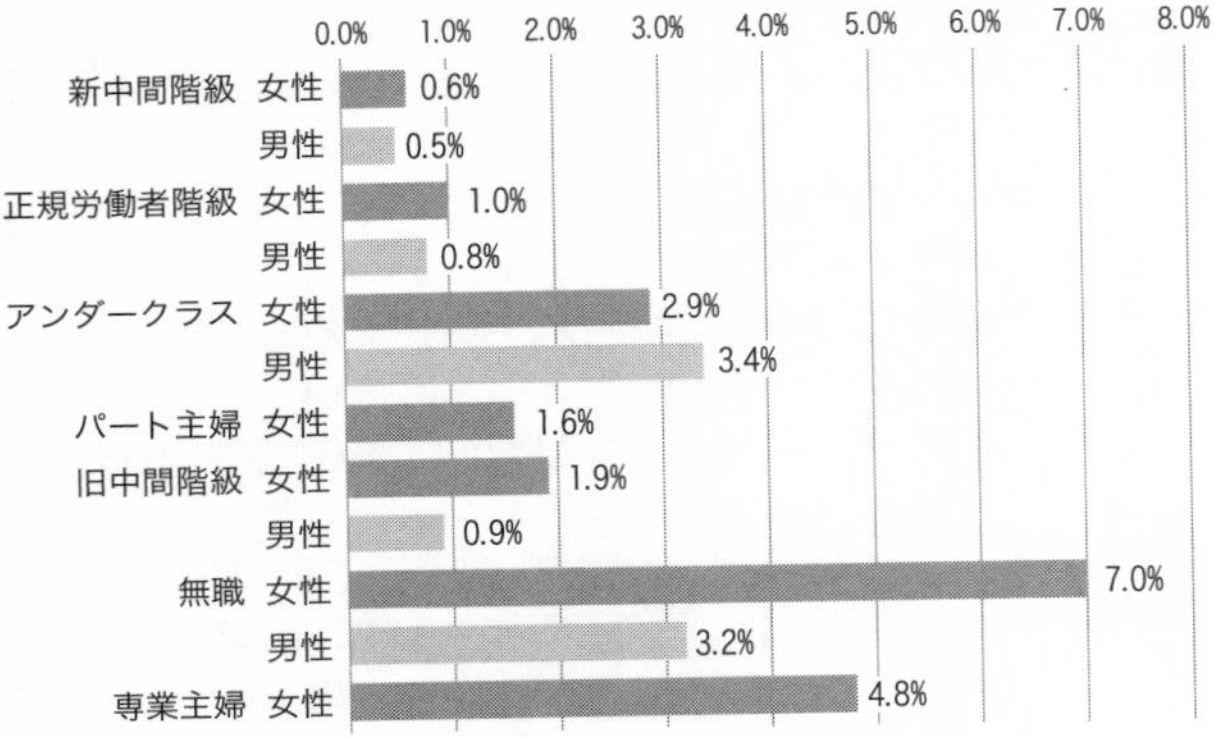

注）2022年三大都市圏調査データより算出。男性アンダークラスは59歳以下。

大きく、とくに資本家階級、正規労働者階級、旧中間階級では、二倍から三倍近くにもなっている。

より詳細に集計すると、その理由は主に、産業分野の違いにあることがわかる。勤務日数や労働時間が減ったという人の比率を産業別にみると、もっとも高いのは「飲食店・飲食サービス業・宿泊業」で五五・一％、次いで高いのは「生活関連サービス業・娯楽業」で四二・四％だった。いずれも、女性の多い産業である。逆に低かったのは、「病院、医療、福祉」（一四・九％）、「情報通信業」（一五・八％）、「電気・ガス・熱供給・水道業」（一七・一％）、「建設業」（一八・九％）などだった。最初の「病院、医療、福祉」以外は、いずれも男性が多い産業である。こうした産業分野の違いのため、女性が男性以上に強く影響を受けたのである。「飲食店・飲食サービス業・宿泊業」「生活関連サービス業・娯楽業」といえば、緊急事態宣言当時よく使われた言葉を用いるなら、「不要不急」の産業である。こうした不要不急産業の担い手は、零細企業と自営業者、そしてそこで雇用されるアンダークラスであり、これらはいずれも女性の比率が高い。「不要不急産業」が敵視されたことが、女性に大きなダメージを与えたということができる。

③の解雇や雇い止めにあった人の比率については、あまり関係がないと思われる資本家階級を集計から除外し、影響を受けたと思われる無職と専業主婦を集計に加えた。予想通り、調査時点で無職だった人には、解雇や雇い止めにあったという人がかなり多く含まれている。しかもその比率は男性より女性で高く、無職の男性では三・二%にとどまるのに対して、女性では七・〇%、また専業主婦でも四・八%に上っている。多くの女性が、新型コロナ禍によって職を失ったということがわかる。アンダークラスでは男女とも三%程度が解雇や雇い止めにあっている。また旧中間階級のうち、女性では一・九%、男性でも〇・九%が解雇や雇い止めにあったと答えている。旧中間階級のうち女性について具体的な仕事の内容をみたところ、「カルチャーセンターで犬の服作りの講師」「漫画家」「翻訳」「茶道教室」

「フリーランスの媒体編集」「古着の仕入れ販売」「英語の講師」などがあった。おそらく個人事業主で、業務の委託元から業務を打ち切られたり、あるいは自営の収入だけでは生活できず兼業していたアルバイトで、雇い止めにあったりしたものと思われる。

3 世帯収入の変化

調査では、調査前年にあたる二〇二一年の世帯年収を尋ねたあとで、その額が新型コロナ前の二〇一九年と比べて、どれだけ増減しているかを尋ねた。ここから二〇一九年の世帯年収を逆算し、それぞれの金額と増減のようすをみたのが、図表6・4である。

男女ともすべての階級で世帯年収が減少しているが、女性の方が減少幅が大きく、二〇一九年を一〇〇としたときの二〇二一年の世帯年収は、全体では女性が九三・四、男性が九五・五である。無職を別にすれば、男女の旧中間階級とアンダークラス、そして女性資本家階級で減少幅が大きい。しかしアンダークラスでは男女の減少幅に違いがあり、男性が九四・〇とやや小幅の減少にとどまったのに対して、女性は九〇・五となっている。

旧中間階級は女性で八四・八、男性で八六・五と減少幅が著しく大きい。実額でみると、

図表6・4　新型コロナ前後の世帯年収の変化

		2019年の世帯年収（万円）	2021年の世帯年収（万円）	2019年を100とした割合
女性	資本家階級	1034	907	87.7
	新中間階級	781	750	96.0
	正規労働者階級	711	658	92.6
	アンダークラス	413	374	90.5
	パート主婦	741	690	93.2
	旧中間階級	813	690	84.8
	無職	354	307	86.9
	専業主婦	698	653	93.6
	全体	694	648	93.4
男性	資本家階級	1328	1268	95.5
	新中間階級	889	866	97.4
	正規労働者階級	714	681	95.4
	アンダークラス	455	428	94.0
	旧中間階級	768	665	86.5
	無職	541	504	93.3
	全体	782	747	95.5

注）2022年三大都市圏調査データより算出。男性アンダークラスは59歳以下。

二〇一九年には女性は八一三万円と新中間階級を上回り、男性は七六八万円と正規労働者階級を上回っていたが、二〇二一年にはそれぞれ六九〇万円、六六五万円となり、新中間階級を大きく下回ったのみならず、正規労働者階級と比べても、女性はほぼ同等、男性は下回るようになった。すでに旧中間階級は、中間階級としての実質を失ったということができる。

図表6・5は、世帯年収と世帯員数から、貧困率の変化をみたものである。二〇二一年の貧困率は、全体では女性が一六・六％、男性が一

一・六%で、女性の方が五・〇%高い。二〇一九年との比較では、女性が一・九%上昇しているのに対して、男性の上昇幅は一・一%にとどまっている。

貧困率の上昇幅を階級別にみると、女性の貧困率はアンダークラスで四・八%、旧中間階級で四・四%、資本家階級で四・二%と、大幅な上昇を示している。これに対して男性では、資本家階級、新中間階級、正規労働者階級はほとんど変化がなく、アンダークラスと旧中間階級の上昇幅も、それぞれ二・二%、三・七%にとどまっている。全体と

図表6・5　新型コロナ前後の貧困率の変化

		2019年の貧困率	2021年の貧困率	増減
女性	資本家階級	7.6%	11.8%	4.2%
	新中間階級	6.4%	6.7%	0.3%
	正規労働者階級	8.9%	10.0%	1.1%
	アンダークラス	32.1%	36.9%	4.8%
	パート主婦	10.7%	12.5%	1.8%
	旧中間階級	12.6%	17.0%	4.4%
	無職	50.6%	54.5%	3.9%
	専業主婦	15.7%	17.5%	1.8%
	全体	14.7%	16.6%	1.9%
男性	資本家階級	3.4%	4.1%	0.7%
	新中間階級	3.5%	3.7%	0.2%
	正規労働者階級	6.4%	6.9%	0.5%
	アンダークラス	31.6%	33.8%	2.2%
	旧中間階級	15.1%	18.8%	3.7%
	無職	31.9%	34.5%	2.6%
	全体	10.5%	11.6%	1.1%

注）2022年三大都市圏調査データより算出。男性アンダークラスは59歳以下。

して、新型コロナ禍が女性に対してより大きなインパクトを与えたことは間違いない。

4　女たちから楽しみを奪った新型コロナ禍

新型コロナ禍は、人々の余暇生活を一変させた。一時期は、海外への渡航はほぼ不可能になったし、多くの商店・飲食店も休業し、とくに飲食店は営業を再開しても、営業のあり方に変更を迫られた。スポーツ競技や音楽のコンサートなども開催できなくなった。美術館や博物館は休館したり、開館する場合も厳しい人数制限を行った。「不要不急」の外出は自粛を求められ、旅行客や行楽客が地元住民から冷たい目でみられるようなこともあった。

そのようすを、総務省の社会生活基本調査からみたのが、図表6・6である。新型コロナ禍前の二〇一六年に比べて二〇二一年では、ここに掲げた趣味・娯楽のための活動や、行楽・旅行などを行った人は、大幅に減少した。とくに演芸・演劇・舞踊の公演や、音楽のコンサートへ出かけた人の比率は、半分からそれ以下にまで減少した。

しかしよくみると、変化には男女で違いがある。もともと「スポーツ観覧・観戦」以外で

図表6・6　新型コロナ禍前後の余暇活動の変化（活動を行った人の比率）

	男			女			変化の差（女性-男性）
	2016年	2021年	変化	2016年	2021年	変化	
スポーツ観覧・観戦	25.9%	18.2%	-7.7%	17.4%	11.0%	-6.3%	1.4%
美術鑑賞	16.0%	9.8%	-6.2%	22.6%	12.9%	-9.7%	-3.6%
演芸・演劇・舞踊鑑賞	9.7%	4.9%	-4.8%	19.1%	8.5%	-10.7%	-5.9%
映画館での映画鑑賞	36.8%	28.8%	-7.9%	42.2%	30.8%	-11.4%	-3.5%
クラシック音楽のコンサート	7.3%	3.0%	-4.2%	12.9%	4.8%	-8.1%	-3.8%
ポピュラー音楽・歌謡曲のコンサート	9.9%	4.5%	-5.4%	17.3%	7.2%	-10.1%	-4.7%
遊園地、動植物園、水族館などの見物	29.9%	17.0%	-12.9%	37.5%	20.8%	-16.7%	-3.8%
日帰りの行楽	56.3%	40.1%	-16.2%	62.1%	40.9%	-21.2%	-5.0%
観光旅行	47.4%	25.1%	-22.3%	50.3%	24.9%	-25.4%	-3.1%
海外への観光旅行	6.3%	0.4%	-6.0%	8.1%	0.4%	-7.7%	-1.7%

注）「社会生活基本調査」より。「スポーツ観覧・観戦」「美術鑑賞」「演芸・演劇・舞踊鑑賞」はいずれも、テレビ・スマートフォン・パソコンなどによるものを除く。

は、ここに示したような活動を行う人の比率は男性より女性で高かったのだが、二〇二一年での減少幅は、ほぼどの項目でも、女性の方が大きい。とくに「演芸・演劇・舞踊鑑賞」「クラシック音楽のコンサート」「ポピュラー音楽・歌謡曲のコンサート」などで女性の落ち込みが激しく、すべての余暇活動の減少幅を単純平均でみれば、男性が九・四％の減少にとどまったのに対して、女性の減少幅は一二・七％に達している。

図表６・７　余暇を楽しむことができなくなった人の比率

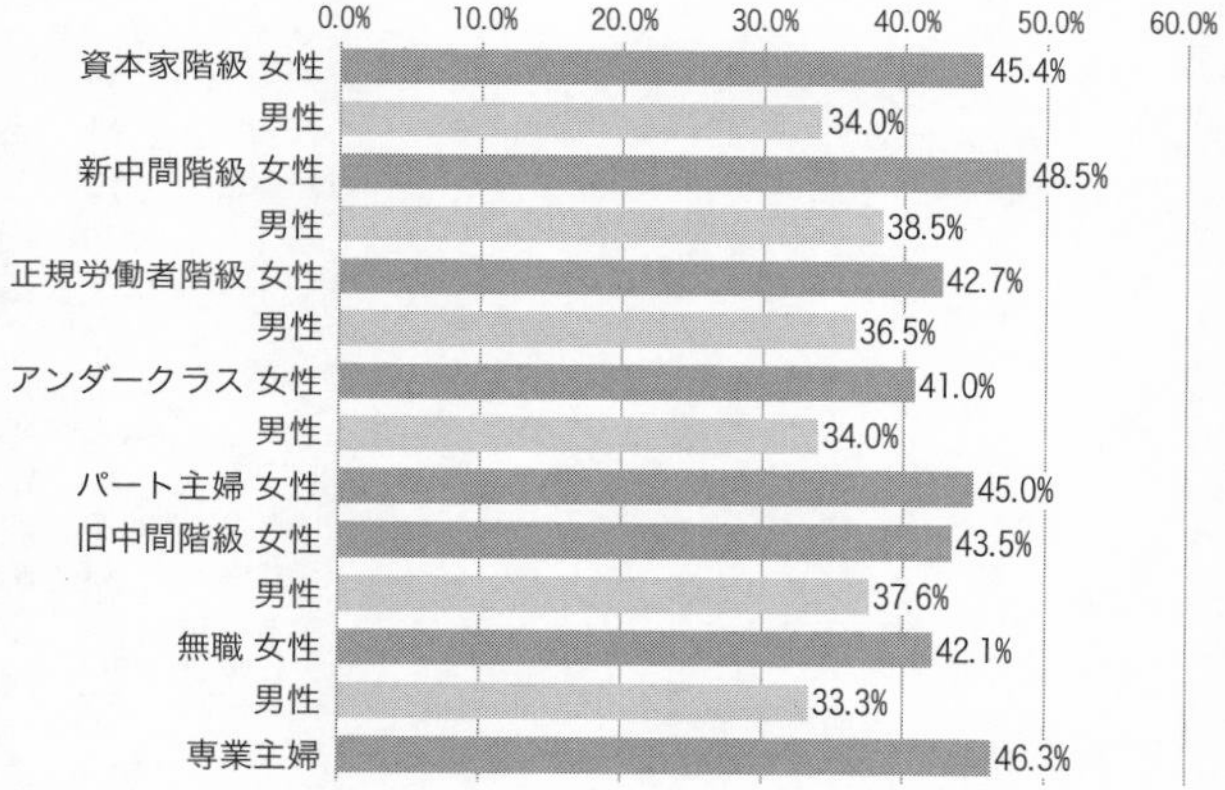

注）2022年三大都市圏調査データより算出。「あてはまる」「ややあてはまる」の合計。
　　男性アンダークラスは59歳以下。

当然ながら、女性たちの不満は募ることになる。図表６・７は二〇二二年三大都市圏調査から、最初の緊急事態宣言以降、「余暇を楽しむことができなくなった」という人の比率を、男女別・階級別にみたものである。

どの階級をみても、女性は「余暇を楽しむことができなくなった」という人の比率が、男性を六―一一％ほど上回っている。とくに比率が大きいのは、経済力に恵まれた資本家階級と新中間階級の女性と、時間に余裕のある場合が多い専業主婦である。

一般的に、男性に比べれば公的な場での活躍を制約され、脇役に甘んじることの多い女たちにとって、もっとも活動的になることができる場は、余暇活動の領域、あえていえば「不要不急」の領域である。新型コロナ禍は、女性たちからその場を奪ったのである。

第7章

格差と闘う女たちが世界を救う

1 格差に対する意識の男女差

第4章では、各グループの女性たちの違いに焦点を当てた。そこでは、各グループの女性たちの間には、基本属性や生活実態、そして意識の上で大きな違いがあることが明らかになった。そして格差に対する意識の上では、資本家階級や新中間階級の女性たちが、格差拡大を容認し、競争によって生じる格差を肯定しがちなのに対して、アンダークラスや旧中間階級の女性たちは、格差拡大に対して否定的で、格差縮小を望む傾向があることが明らかとなった。

しかし格差に対する意識には、階級間の違いと同等、あるいはそれ以上に、女性と男性の間に大きな違いがある。ひとことでいえば、格差拡大を容認し、格差を自己責任だと考える傾向は、明らかに女性より男性で強いのである。本章ではまず、第4章よりさらに多くの設問への回答から、男性と女性の違いについて明らかにすることとしたい。

(1)格差に対する意識の全体的な傾向

二〇二二年三大都市圏調査では、格差に対する意識についての設問を数多く設けている。そのテーマは大きく三つに分けられる。第一は、現実に存在する格差についての現状認識、第二に、いわゆる「自己責任論」に対する評価、そして第三に、格差を縮小するための所得再分配政策に対する評価、である。ここでは、それぞれについて二つずつ、合計六つの設問について、詳しくみていくことにしたい。具体的な内容と回答の分布は、次の通りである。なお、どの設問にも「わからない」という選択肢を設けたが、集計からは除外している。

①格差に対する現状認識

問Ａ　いまの日本では収入の格差が大きすぎる
　とてもそう思う　二三・三％　　ややそう思う　四七・二％
　あまりそう思わない　二五・一％　　まったくそう思わない　四・四％

問Ｂ　今後、日本で格差が広がってもかまわない
　とてもそう思う　三・四％　　ややそう思う　一三・五％

あまりそう思わない　四六・九％　まったくそう思わない　三六・二％

「いまの日本では収入の格差が大きすぎる」では、「とてもそう思う」「ややそう思う」の合計が七割を超えている。すでに日本では、収入の格差が限度を超えて大きくなっているという事実認識がかなりの程度まで定着しており、また貧困層が増大しているというのも共通認識になりつつあるといっていい。これに対して格差拡大を容認する「今後、日本で格差が広がってもかまわない」では、「とてもそう思う」「ややそう思う」を合計してもわずか一六・九％で、大多数が格差拡大を拒否しており、「まったくそう思わない」と明確に拒否する人も三六・二％に達している。

②「自己責任論」に対する評価

問C　貧困になったのは努力しなかったからだ

とてもそう思う　四・三％　ややそう思う　二〇・八％

あまりそう思わない　五二・八％　まったくそう思わない　二二・一％

問D　努力しさえすれば、誰でも豊かになることができる
　とてもそう思う　五・一％　　ややそう思う　二八・六％
　あまりそう思わない　四九・三％　　まったくそう思わない　一七・〇％

「貧困になったのは努力しなかったからだ」に対しては、明確に「とてもそう思う」とする回答は四・三％と少なく、「ややそう思う」も二〇・八％にとどまっている。これに対して「あまりそう思わない」「まったくそう思わない」は合計で約四分の三となっている。貧困を自己責任だとする言説はＳＮＳなどで広範に流布しているが、実際にはそう考える人は少数派であるといってよい。反対に豊かになるか否かを自己責任ととらえる「努力しさえすれば、誰でも豊かになることができる」については、「ややそう思う」が二八・六％と少し多くなっているが、「とてもそう思う」はわずか五・一％で、やはり自己責任論を支持する人は相対的に少数派だといってよい。

③所得再分配政策に対する評価

問E　政府は豊かな人からの税金を増やしてでも、恵まれない人への福祉を充実させるべきだ

とてもそう思う　一三・八%　ややそう思う　四〇・八%

あまりそう思わない　三五・三%　まったくそう思わない　一〇・一%

問F　理由はともかく生活に困っている人がいたら、国が面倒をみるべきだ

とてもそう思う　八・八%　ややそう思う　三五・一%

あまりそう思わない　四二・七%　まったくそう思わない　一三・四%

「政府は豊かな人からの税金を増やしてでも、恵まれない人への福祉を充実させるべきだ」に対しては、賛否がかなり拮抗している。「とてもそう思う」「ややそう思う」の合計は五四・六%と過半数に達していて、いちおう賛成が多数派だとはいえるが、「あまりそう思わない」「まったくそう思わない」も四五・四%と半数に近い。これに対して、同じく所得再分配政策ではあるものの、「理由はともかく」という注釈がついて、怠惰やギャンブルによ

る生活困難までが救済の対象になる可能性がある問Fでは、「とてもそう思う」はわずか八・八%、「ややそう思う」も三五・一%で、合計は五割に達していない。しかし見方を変えれば、賛成の合計が問Eと一〇%程度しか違わないということは、所得再分配政策への支持がかなり強靱であることを示しているといっていいかもしれない。

(2)女性と男性の違い

しかし格差に対する意識は、女性と男性で大きく異なる。これを示したのが、図表7・1である。

「A　いまの日本では収入の格差が大きすぎる」では、女性と男性の違いがかなりはっきりしている。「とてもそう思う」の比率は女性が二四・七%、男性が二一・七%と三%しか違わないのだが、「ややそう思う」と合計すると、それぞれ七七・五%、六三・六%で、大きな差がついた。女性で「まったくそう思わない」と答えた人は二・三%と皆無に近く、「あまりそう思わない」と合わせても、二割強と完全に少数派である。女性が男性以上に、格差の現状を批判的にみていることがわかる。

「B　今後、日本で格差が広がってもかまわない」では、女性と男性の違いがさらにはっき

D.努力しさえすれば、誰でも豊かになることができる

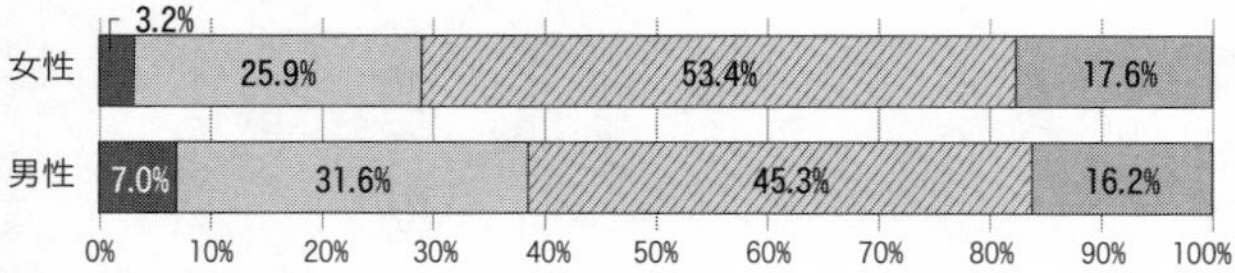

E.政府は豊かな人からの税金を増やしてでも、恵まれない人への福祉を充実させるべきだ

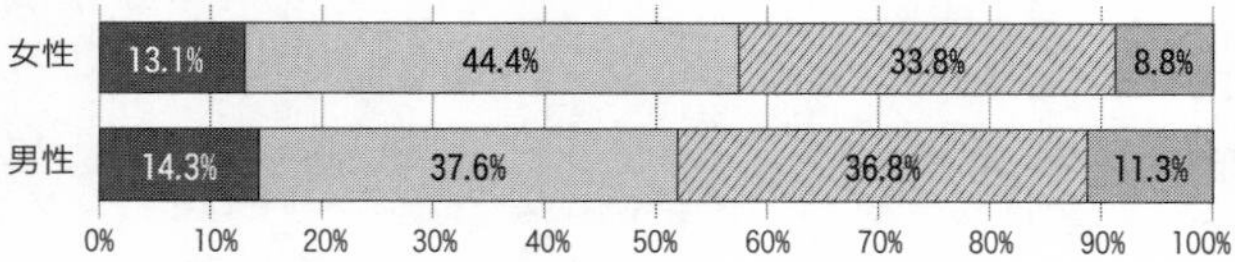

F.理由はともかく生活に困っている人がいたら、国が面倒をみるべきだ

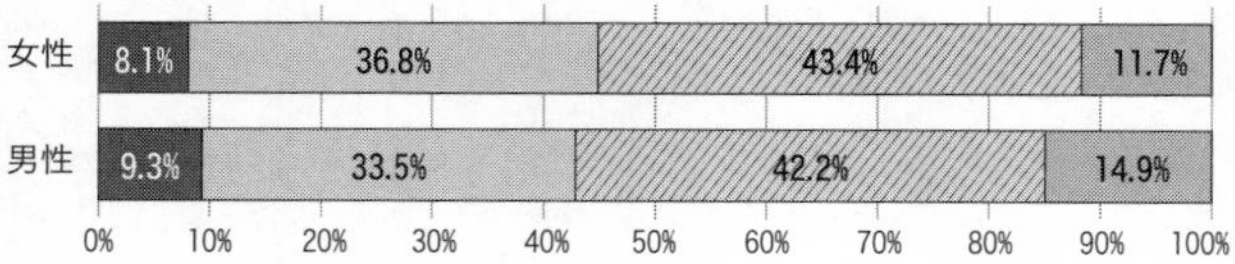

注）2022年三大都市圏調査データより算出。
χ^2乗検定では、いずれも0.1％水準で有意差が認められる。

りする。格差拡大を容認する回答は男女とも少数派なのだが、男性では「とてもそう思う」と明確に肯定する人が五・一％と無視できない比率になっており、「ややそう思う」と合わせると二二・九％と四分の一近くに達する。これに対して女性では、両者を合計しても一〇・八％と、絶対的な少数派である。

「C 貧困になったのは努力しなかったからだ」でも、女性と男性の間にかなり大きな差がついた。女性で「とても

図表7・1　格差に対する意識の男女差

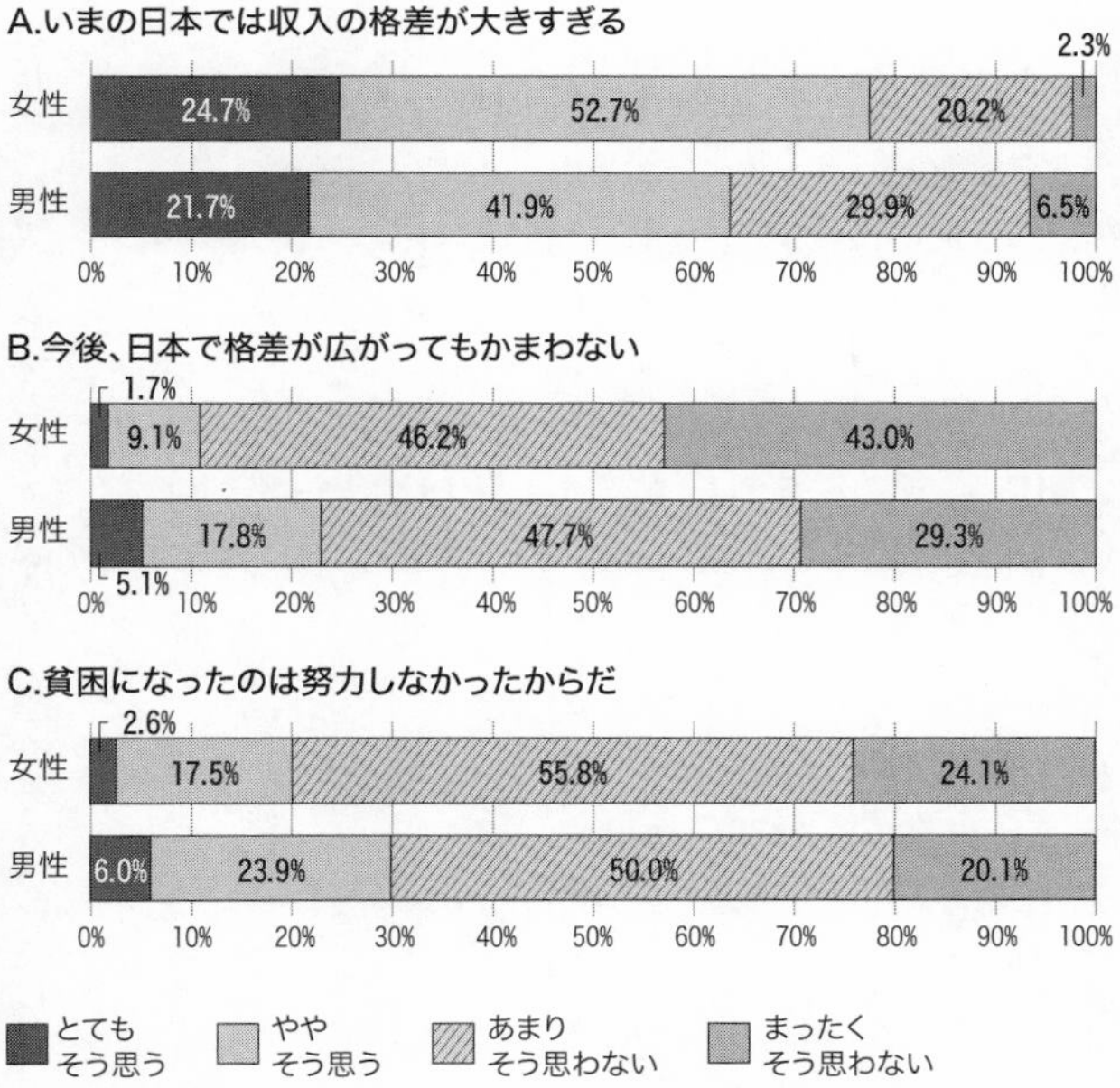

そう思う」と答えた人は二・六％と皆無に近く、「ややそう思う」と合わせても二〇・一％とようやく二割に達する程度である。これに対して男性では、「とてもそう思う」が六・〇％と無視できない比率になっており、「ややそう思う」と合わせるとほぼ三割に達する。自己責任論を支持する傾向は、男性の方が強いといえる。

「D　努力しさえすれば、誰でも豊かになることができる」も、先のCとほぼ同じ傾向を示している。「とてもそう思う」「ややそう思う」の合計は、女性では二九・一%にとどまるのに対して、男性では三八・六%と四割近くに達している。

「E 政府は豊かな人からの税金を増やしてでも、恵まれない人への福祉を充実させるべきだ」についても、女性と男性の間に違いが認められる。「とてもそう思う」と答えた人の比率は、女性が一三・一%、男性が一四・三%と、わずかに男性の方が多いのだが、「ややそう思う」と合わせると、女性が五七・五%、男性が五一・九%と、かなりの差が認められた。ただし「まったくそう思わない」という人の比率が、男性で一一・三%と大きいところをみると、男性では女性以上に、内部の意見の対立が激しいようである。

「F 理由はともかく生活に困っている人がいたら、国が面倒をみるべきだ」についても、先のEに比べると小さいとはいえ、統計的に有意な差が認められた。傾向はEと似ていて、「とてもそう思う」と答えた人の比率は女性が八・一%、男性が九・三%で、男性の方がわずかに多いのだが、「ややそう思う」と合わせると、女性が四四・九%、男性が四二・八%と、女性の方が大きくなる。そして「まったくそう思わない」の比率は男性で一四・九%と高い。この意味でも男性の内部の意見の対立は、女性より明確だということができる。Eに比べて男女差が小さいところをみると、女性では、所得再分配は必要だと考えるものの、

「理由はともかく」というところまで踏み込むことには慎重な人がいるのだろう。

以上から、女性は男性に比べて、現状では日本の格差は大きすぎると考え、貧富の格差は自己責任ではなく、所得再分配によって是正することが必要だと考える傾向が強いということができる。

2　階級別にみた女性と男性の違い

格差が大きい現状に否定的な女性

このように女性と男性では、格差に対する意識がかなり異なる。しかしこうした違いは、所属階級とも関連している。第4章では、女性たちの格差に対する意識が階級によって異なることをみたが、実はこうした階級による違いは、女性より男性で大きいのである。これを確認するため、階級ごとに女性と男性の意識の違いをみたのが二七五ページの図表7・2である。この場合の所属階級だが、男性は本人の所属階級をそのまま用いているが、女性については図表2・5や第3章と第4章の章末の図表で示したように、本人の所属階級を基本としながら、専業主婦とパート主婦については夫の所属階級を用いている。また、図表7・1

のように詳しく内訳を示したグラフにすると煩雑になるため、ここではそれぞれの回答について、「とてもそう思う」に四点、「ややそう思う」に三点、「あまりそう思わない」に二点、「まったくそう思わない」に一点の得点を与え、回答の傾向を平均点で示している。

まず「A いまの日本では収入の格差が大きすぎる」のグラフに注目しよう。どの階級でも女性の方が平均点が高く、男性に比べて女性は、格差が大きい現状を否定的にとらえているということができる。階級による違いに注目すると、男女いずれとも、資本家階級、新中間階級という有利な位置にある階級では平均点が低く、アンダークラスで平均点が高い。つまり有利な位置にある階級は格差の現状を肯定的にとらえるのに対して、不利な位置にある階級は否定的にとらえるというように、自らの階級的に利害に合致した評価をしているということができる。しかし、もっとも平均点の低い資本家階級と平均点の高いアンダークラスの差をとると、女性では〇・二六点、男性では〇・三四点と、男性の方が階級による違いが大きい。つまり男性の方が、格差に対する階級間の見解の対立が明確だということができる。

「B 今後、日本で格差が広がってもかまわない」でも、同じような傾向が認められる。全体に女性は、男性よりも格差拡大に反対する傾向が強いのだが、これはすべての階級についていえることで、資本家階級や新中間階級のように有利な位置にある女性たちですら、格差拡大に否定的である。ところが男性をみると、格差の底辺にあるアンダークラスが、女性にかなり近い程度にまで格差拡大を否定するのに対して、有利な位置にある資本家階級と新中間階級は、「格差が広がってもかまわない」と考える傾向が強い。正規労働者階級と旧中間階級は、中間的である。ここでも男性が、自分の階級的な利害に沿った形で現状を認識する傾向が示されているといえる。先と同様に平均点の階級による差をとると、女性の〇・一七点に対して、男性は〇・二二点である。

「C 貧困になったのは努力しなかったからだ」についても同様である。どの階級でも男性の方が女性より平均点が高く、自己責任論を肯定する傾向が強いのだが、階級による平均点の差に注目すると、女性と男性の違いが明らかになる。女性の場合、たしかに資本家階級は二・〇四点、新中間階級は二・〇一点と高く、自己責任論を支持する傾向がある程度まで認められるものの、もっとも低い旧中間階級でも一・九二点、二番目に低いアンダークラスでも一・九四点だから、所属階級による違いはあまり大きくない。これに対して男性では、資本家階級が二・二七点ときわめて高いのに対して、もっとも低いアンダークラスは二・〇六点で、両者の間には〇・二一点もの差がある。

D.努力しさえすれば、誰でも豊かになることができる

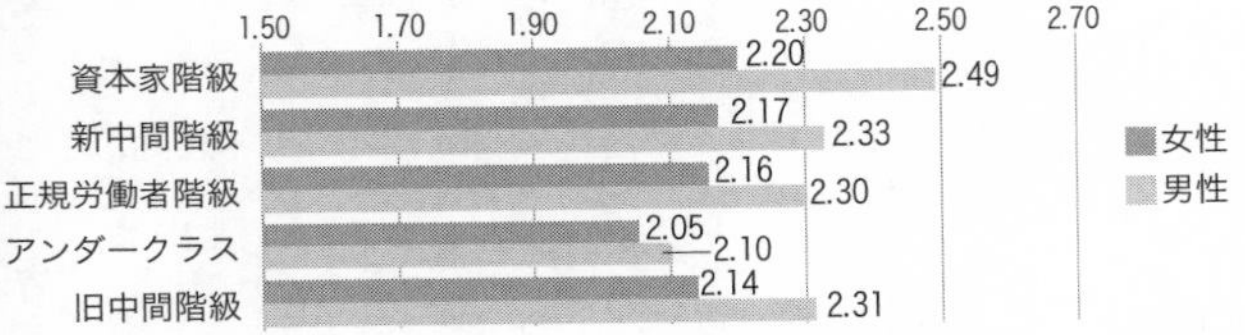

E.政府は豊かな人からの税金を増やしてでも、恵まれない人への福祉を充実させるべきだ

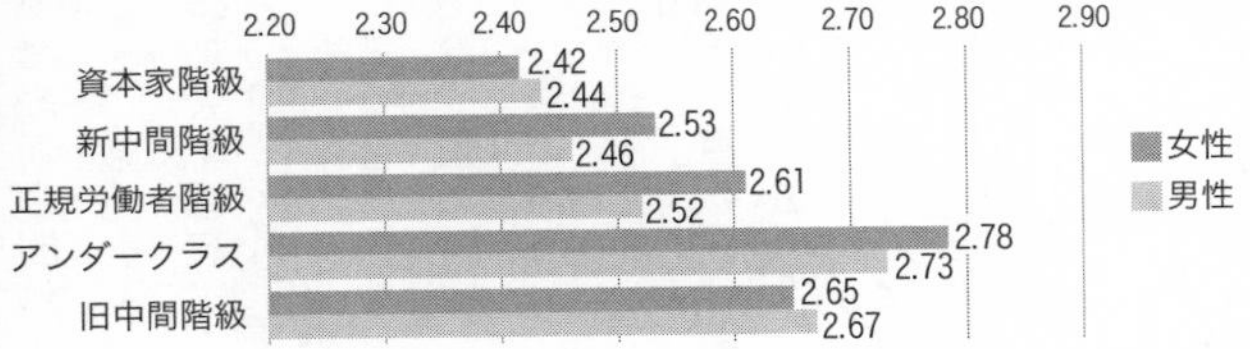

F.理由はともかく生活に困っている人がいたら、国が面倒をみるべきだ

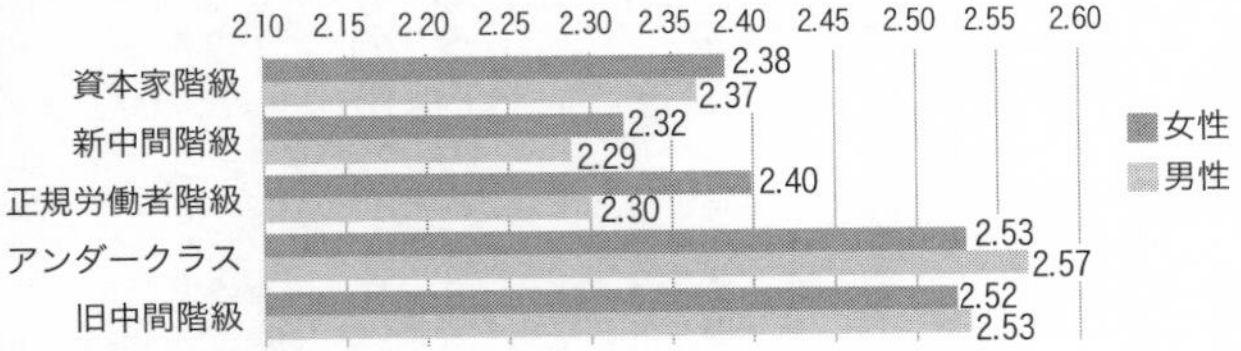

注）2022年三大都市圏調査データより算出。

「D　努力しさえすれば、誰でも豊かになることができる」ではさらに女性と男性の違いが顕著である。女性の場合、平均点は資本家階級の二・二〇点からアンダークラスの二・〇五点までの狭い範囲に収まっており、階級による差が小さい。これに対して男性では、資本家階級が二・四九点に達するのに対して、アンダークラスは

図表７・２　階級別にみた格差に対する意識の男女差

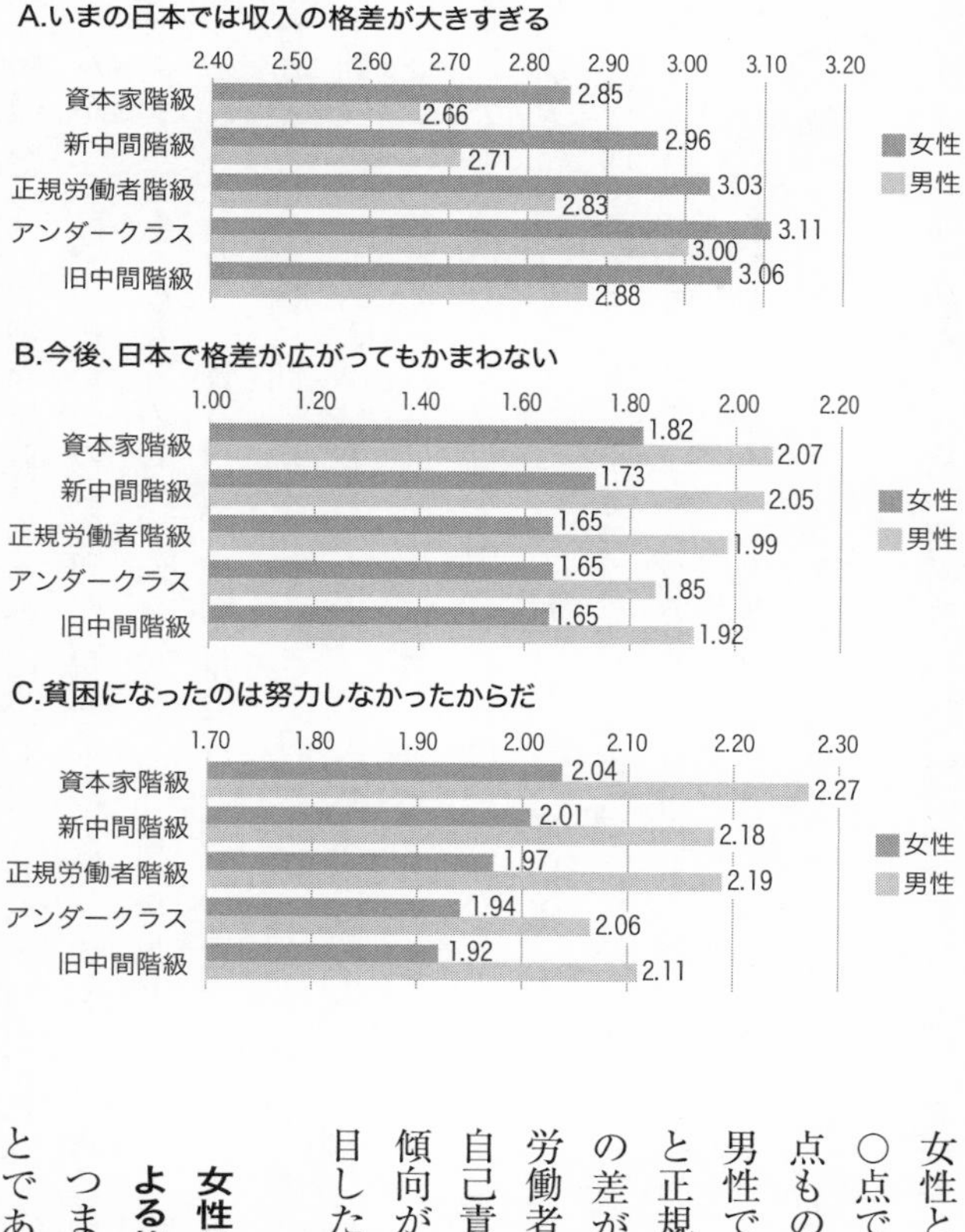

女性とほぼ同じ二・一〇点で、実に〇・三九点もの差がある。また男性では、新中間階級と正規労働者階級の間の差がほとんどなく、労働者階級であっても自己責任論を支持する傾向があることにも注目したい。

女性は所得再分配による格差の是正を支持

つまり、こういうことである。男性では、

資本家階級のように有利な位置にある人々は、貧しくなるのも豊かになるのも自己責任であり、したがって自分が豊かなのは努力の結果であって当然のことだと考える。新中間階級と正規労働者階級も、かなりの程度、同様に考える。これに対してアンダークラスのように不利な立場にある人々は、貧富の差は自己責任ではなく、したがって自分の貧しさは自分の責任ではなく、社会の側に問題があるのだと考える。これに対し女性は、アンダークラスのように不利な位置にある人々はもちろんのこと、資本家階級のように有利な位置にある人々もある程度まで、貧富の差は自己責任ではないと考えるのである。

所得再分配政策に対する評価を問う「E 政府は豊かな人からの税金を増やしてでも、恵まれない人への福祉を充実させるべきだ」と「F 理由はともかく生活に困っている人がいたら、国が面倒をみるべきだ」では、先のA—Dほどには、女性と男性の違いがみられず、階級による違いが前面に出ている。つまり男女を問わず、有利な位置にある資本家階級と新中間階級は所得再分配を支持しない傾向があり、不利な位置にあるアンダークラスは、所得再分配を支持する傾向がある。しかし詳細に検討すると、女性と男性には違いも認められる。

Eのグラフで印象的なのは新中間階級と正規労働者階級で女性と男性の間の差が大きいこ

とである。つまり男性が所得再分配に消極的であるのに対して、女性は所得再分配にやや積極的だということである。これに対して資本家階級は男女とも消極的、アンダークラスと旧中間階級は男女とも積極的で、性別による差が小さい。このためやはり、男性の内部には所得再分配をめぐって意見の鋭い対立があるのに対し、女性では資本家階級は別として、所得再分配に対してある程度までの合意が形成される余地があるといえる。

Fのグラフでは、新中間階級と正規労働者階級の男性で、極端に平均点が低くなっていることが注目される。それぞれ二・二九点、二・三〇点で、資本家階級（二・三七点）をも下回っている。これに対してアンダークラスと旧中間階級の男性の平均点は、それぞれ二・五七点、二・五三点で、女性をも上回っている。このように男性の間では、一方に被雇用者のなかの「勝ち組」である新中間階級と正規労働者階級、他方に「負け組」であるアンダークラスと零細経営で貧困リスクの高い旧中間階級、という対立関係が鮮明である。このような対立関係は女性にもある程度まで共通で、とくに新中間階級女性は平均点が男性並みに低く、アンダークラス、旧中間階級と鋭い対立を示しているが、正規労働者階級の平均点は二・四〇点とやや高くなっていて、平均点がほぼ等しい資本家階級（二・三八点）とともに中間的な傾向を示すのが、男性との違いである。

以上をまとめておこう。先述のように全体として男性は女性と比べて、現在の日本の格差は大きすぎるとは考えず、貧富の格差は自己責任であり、所得再分配によって是正することは必要ないと考える傾向、あえていえば新自由主義的な傾向が強いのだが、その内部には階級による違いがある。有利な位置にある階級の男性たちは、資本家階級や新中間階級だけではなく正規労働者階級も含めて、こうした新自由主義的傾向が明確である。これに対して不利な位置にある階級、つまりアンダークラスと旧中間階級の男性たちは、女性たちほどではないとしても、現在の日本の格差は大きすぎると考え、貧富の格差は自己責任ではないと考える。そして女性たちと同等あるいはそれ以上に、所得再分配による是正が必要だと考える。つまり新自由主義を否定する傾向が強いのである。

男性の示す、このような傾向は何を意味するだろうか。有利な位置にある人々が、格差は当然であり格差是正は必要ないと考える一方、不利な立場にある人々が、格差は大きすぎであり是正の必要があると考えるとすれば、両者の間に対話や妥協が生まれる余地はない。それぞれは自分の利害を前提に格差の現状を評価し、是正の必要の有無を判断しているからである。そして格差が拡大すればするほど両者の対立は深まるだろう。

格差拡大が、さまざまな社会的弊害をもたらしていることは、すでに広く知られている。

貧困層の増大、子どもの貧困と教育を受けるチャンスの不平等、健康と命の格差、若者の貧困化によって引き起こされる未婚化と少子化、社会保障支出の増大と財政危機など、いずれも重大な問題ばかりである。しかし男性たち内部のこうした対立をみると、格差の縮小や貧困の解消に向けて社会的合意を形成することは、絶望的に困難なように思われる。

救いは女性である。たしかに女性たちの間には、本人の所属階級、配偶者の有無と配偶者の所属階級による大きな格差があり、そして意識の違いがある。しかし全体としてみれば、男性よりは格差の現状に批判的であり、自己責任論には否定的で、しかも階級による立場の違いが小さい。そして所得再分配による格差の是正については、一部を除けば階級による違いが小さく、階級を超えて支持する傾向が認められるのである。

3　格差に対する意識と社会意識の関係

格差に対する意識から見えてくるもの

さらに重要な問題がある。それは格差に対する意識が、社会のあり方に関するさまざまな意識と関係していて、さまざまな意識を結びつける結節点のような意味をもっているということである。
二〇二二年三大都市圏調査では、これからの社会や政治のあり方についての考えを問う設問を数多く設けている。ここではそのなかから、次の四つの問いを取り上げ、回答の分布を示しておこう。格差に関する設問と同様に、どの設問にも「わからない」という選択肢を設けたが、集計からは除外している。

問G　日本は原子力発電所をゼロにすべきだ
そう思う　一九・六％　　どちらともいえない　三九・四％
そう思わない　四一・〇％

問H　日本国憲法を改正して、軍隊をもつことができるようにした方がいい
そう思う　一七・九％　　どちらともいえない　三五・五％
そう思わない　四六・六％

問I　戦争は人間の本能によるものだから、なくすことはできないだろう

そう思う　二四・〇%　　　　どちらともいえない　三七・一%
そう思わない　三八・八%

問J　同性愛は好ましいことではない
そう思う　九・七%　　　　どちらともいえない　三三・三%
そう思わない　五六・九%

「G　日本は原子力発電所をゼロにすべきだ」については、「そう思う」は一九・六%にとどまり、「そう思わない」の四一・〇%を大幅に下回った。各報道機関の世論調査でも、東日本大震災直後に強まった脱原発の世論が、近年になって沈静化していることが明らかにされているが、それを裏づける結果といってよい。しかし「どちらともいえない」が三九・四%と四割程度に上っており、原子力発電の存続に積極的に賛成する人が多数だとはいえない。

「H　日本国憲法を改正して、軍隊をもつことができるようにした方がいい」に対しては、多くの世論調査と同様に、反対が賛成を大きく上回った。しかし「どちらともいえない」を容認派と考えれば、「賛成」+「容認」と「反対」が拮抗しているとみることもできないではない。

問Iと問Jの二つは、ドイツの社会学者テオドール・アドルノが、ファシズムに傾きがちな権威主義的傾向を測定するために考案したFスケールに含まれる設問のうち、現代的な意義が大きいと思われるものを二つ選び、平易な表現に直したものである。[21]「I 戦争は人間の本能によるものだから、なくすことはできないだろう」については、「そう思わない」が三八・八%ともっとも多いが、「どちらともいえない」もほぼ同じ比率を占め、「そう思う」も二四・〇%と四分の一近くに上った。「J 同性愛は好ましいことではない」では、「そう思わない」が五六・九%と多数を占め、「そう思う」は九・七%にとどまったが、「どちらともいえない」が三三・三%と三分の一に達している。近年になって、性の多様性に対する理解はかなりの程度に進んできたが、まだ十分に浸透していない部分もあることがわかる。

権威主義的右派な男性と新しいリベラルの女性

しかし格差に対する意識と同様、これらについても女性と男性の間には重要な違いがある。これを示したのが、図表7・3である。女性と男性とでは、説明の必要がないほど回答の分布が異なっている。女性の多くは、脱原発に積極的で、憲法改正と軍事力の強化に反対

図表7・3　社会意識の男女差

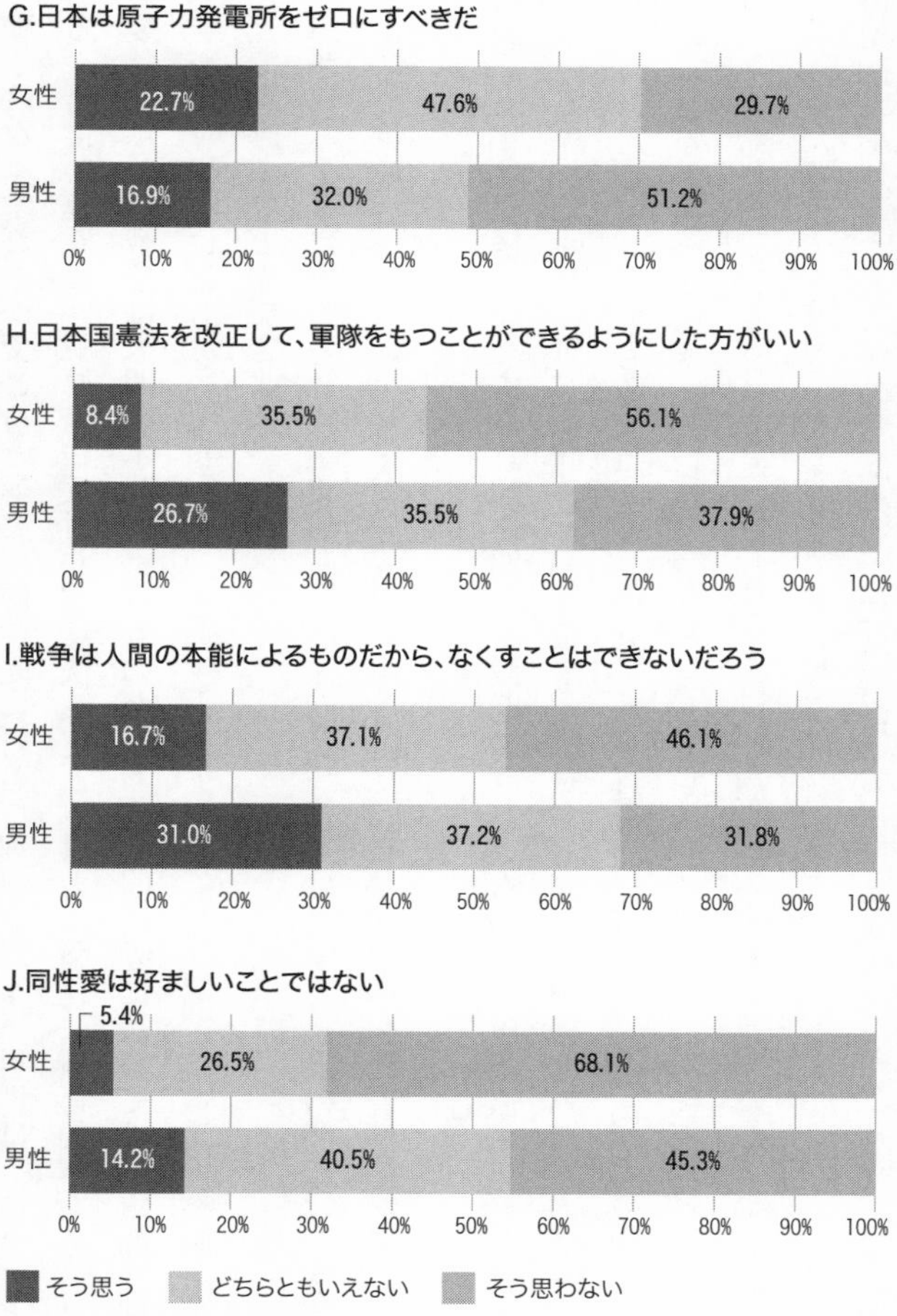

注）2022年三大都市圏調査データより算出。
χ^2乗検定では、いずれも0.1％水準で有意差が認められる。

し、戦争はなくすことができると信じ、同性愛に対して理解を示す。男性は、ことごとく逆である。男性の多くは、脱原発に反対し、憲法改定と軍事力の強化に積極的、あるいは容認する姿勢を示し、戦争は人間の本能によるものだと考え、同性愛に対しては限定的な理解しか示さない。男性により多くみられる、このようなある種の政治的立場は、「権威主義的右派」とでも呼ぶことができよう。

予想されるように、この権威主義的右派の傾向と、格差に対する意識の間には、密接な関係がある。端的にいえば格差拡大を是認する人々は、権威主義的右派の傾向が強いのである。

図表7・4は、格差に対する意識に関する設問のうち、もっとも単刀直入に格差拡大の是非について尋ねた問Bに対する回答と、問G—Jに対する回答の関係をみたものである。ただし問Bに対して「とてもそう思う」と回答した人は三・四％と少ないので、「ややそう思う」とまとめて「そう思う」とした。「とてもそう思う」と回答した人は、格差拡大を歓迎する人々であり、「ややそう思う」と答えた人は、格差拡大を歓迎まではしないとしても容認する人々だろう。つまり、格差拡大を是認する人々である。

格差拡大を是認する人々の意識は、実に特徴的である。過半数（五三・〇％）は、脱原発に反対している。そして憲法改定と軍事力の強化に賛成する人の比率は、二九・〇％と全体平均を大きく上回り、「どちらともいえない」と容認する人も含めれば七割近くに達する。戦争は人間の本能によるものであり、なくすことはできないという、いわば戦争容認ニヒリズムとでもいうべき立場を支持する人の比率は三四・五％にも達する。そして多様性が尊重されるようになったこの時代においてなお、同性愛を否定する人の比率が一六・一％にも達し、同性愛を認める人は半数に満たない。

先に示した格差に関する設問と、ここで取り上げた四つの設問は、現代日本における重要な政治的争点を反映したものとみることができる。戦後の伝統的な左派リベラルの立場は、平等と平和主義を二本の柱とするものだった。格差に関する設問と、ここに示した問H、問Iは、この政治的立場との距離を測るものといえる。そして問Gと問Jは、それぞれ環境保護と多様性という、新しい政治的争点に関わるものである。伝統的な左派リベラルに環境保護と多様性というこの要素を付け加えた政治的立場は、「新しいリベラル」と呼ぶことができよう。

女性は、平等と平和主義という伝統的左派リベラルの立場、さらに環境保護と多様性を支持する傾向が強い。つまり全体として女性は、新しいリベラルの担い手である。これに対し

図表7・4　「今後、日本で格差が広がってもかまわない」と社会意識の関係

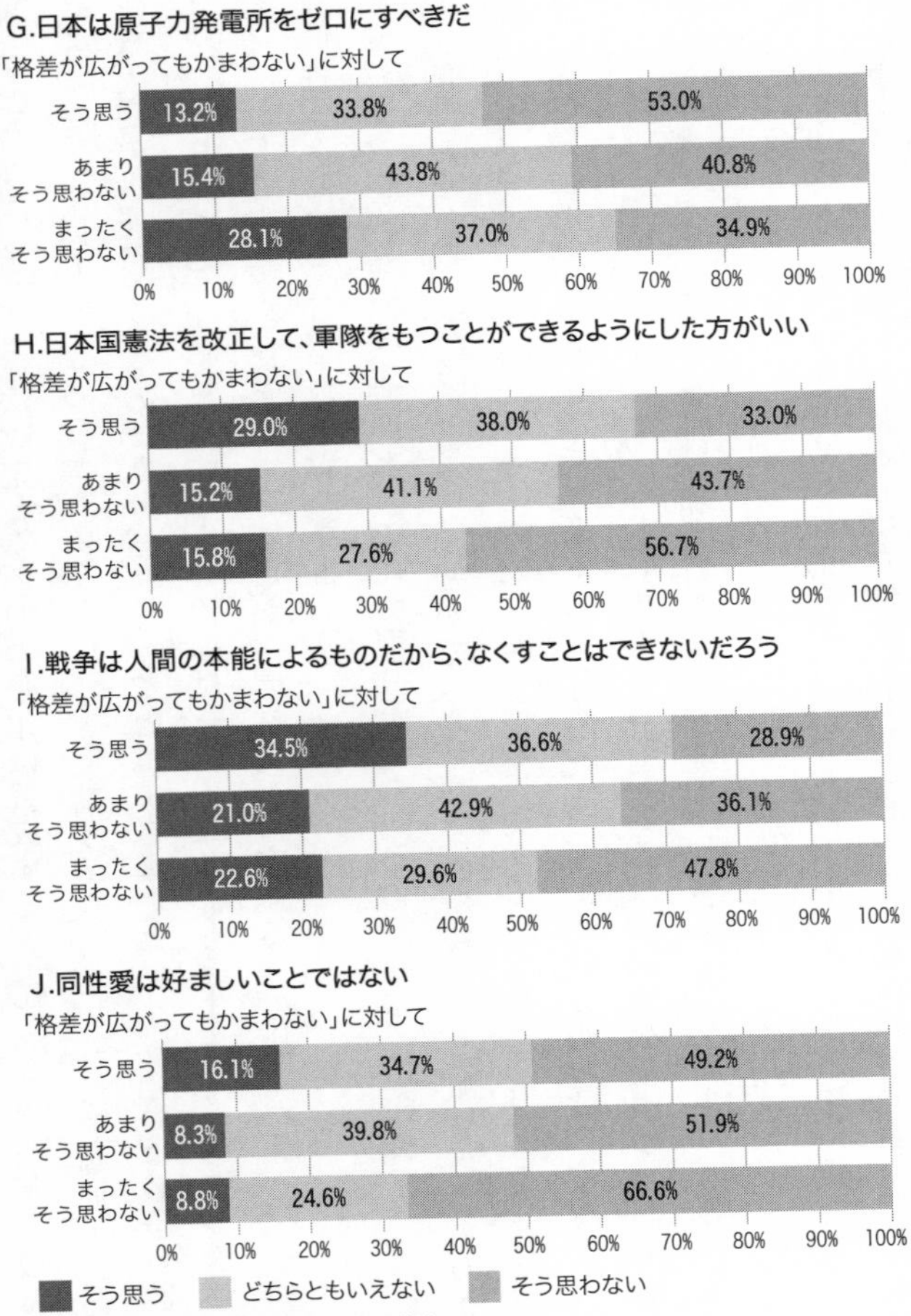

注）2022年三大都市圏調査データより算出。
χ^2乗検定では、いずれも0.1%水準で有意差が認められる。

て男性は、格差拡大を容認し、権威主義的右派の立場をとる傾向が強い。つまり全体として男性は、アンチ・新しいリベラルである。

もちろん、第4章でみたように女性の内部は多様である。男性も同じように多様である。しかし図表7・1と図表7・3でみたように、女性と男性の違いはかなり明確である。そして図表7・2からわかるように、とりわけ有利な位置にある資本家階級と新中間階級の男性、そして中間的な位置にある正規労働者階級の男性と、女性の間の違いは鮮明である。したがって対立図式を単純化するなら、「主流派の男性諸階級」対「女性＋弱者階級の男性」ということになろう。

4　格差をめぐる政治的対立とこれからの日本

「女性＋弱者階級の男性」の力は日本社会を変える

格差は、現代日本における最大の政治的争点だといってよい。格差について論じるとき、人は望むか望まないかに関わりなく、何らかの政治的立場に立たされることになる。

「格差社会」が流行語になり始めた二〇〇〇年代の半ば、格差拡大を指摘する研究者、マスコミ、そして与野党の国会議員らに反論して、当時の閣僚や財界寄りのマスコミ、研究者などが、「格差は拡大していない」「格差拡大は見せかけだ」などと言い張ったことは記憶に新しい。格差の構造のなかで利益を得ている人々、大きな格差の存在が望ましいと信じる人々は、格差を過小評価し、格差が拡大している事実を否定しようとする。これに対して、格差の構造のなかで不利な立場に立たされている人々、大きな格差は望ましくないと考える人々は、格差の存在や格差拡大の事実を強調する。こうして両者の間には、対立が生まれる。これは、これまでの日本で何度となく繰り返されてきたことである。いや現在も、国会や各種の審議会で、マスコミで、さらには一般市民が参加するＳＮＳなどのネットメディアで、日常的に展開されている。

これは政治というものの本質を考えれば、自然なことである。政治というもののもっとも基本的な機能は、人々から税を徴収して、これを目的に応じて分配すること、つまり富の再分配である。再分配を行う前と後とでは、格差の構造と大きさが変化する。つまり、手にする富の量が増える人と減る人とが生まれる。だから格差は本質的に、政治の争点なのである。

だから、格差に対する認識と政党支持の間には、密接な関係が生じる。そのようすをみたのが、図表７・５である。男女別に集計しているが、両者の関係がより単純で明確な男性の方からみていこう。

「格差が広がってもかまわない」と格差拡大を是認する男性では、自民党支持率が三一・〇％と高く、維新の支持率も一四・五％とかなり高い。これに対して野党の支持率は、わずか八・一％にとどまる。自民党と維新の支持率が高いため、支持政党のない人は四五・〇％と少数派になっている。格差拡大を放置し、場合によっては助長さえしてきた自民党、そして新自由主義的な政策を掲げる維新は、格差拡大を是認する人々を引きつけることに成功しているといってよい。

しかもこのような傾向は、近年になって強まってきたことが、これまでの研究から明らかにされている。社会学者の米田幸弘は、二〇〇五年と二〇一五年のＳＳＭ調査データを使って、政党支持を規定する要因について分析しているが、これによるとこの一〇年間で、「今後、日本で格差が広がってもかまわない」という主張を支持する傾向と自民党支持率の関係が、飛躍的に強くなっている（米田幸弘「自民党支持層の趨勢的変化」）。自民党は、格差拡大を是認する人々を、その支持層の中核とするようになっているのだ。これに対して「まったくそう思わない」と格差拡大を否定する人々の野党支持率は、一六・五％と相対的に高いとはいえ、自民党支持率の一九・四％を下回り、維新にも一一・四％の支持率を許している。

野党は格差拡大に批判的な人々の支持を集めることに、必ずしも成功していない。

それでは、女性ではどうか。政党支持の全体的な傾向は男性と同様で、格差拡大を是認する人では自民党支持率が高く、否定する人々では相対的に野党支持率が高い。しかし男性と比べると、格差拡大に対する態度と政党支持の関係は弱い。とくに格差拡大を否定する人々の野党支持率は、わずか八・九%にとどまっていて、格差拡大を是認する人々の野党支持率と三%の違いしかないことが注目される。このためもあって、支持政党のない人の比率が六七・九%と、男性を大幅に上回っている。野党は格差拡大に批判的な女性たちの支持を得ることに、完全に失敗しているといってよい。

先にも述べたように、現在の日本では、格差拡大が貧困層の増大、教育や健康の格差、未婚化と少子化など、多くの問題を引き起こしている。このことが、日本社会の存続を危機に陥れているといっても過言ではない。この点については、すでに多くの著書で詳しく論じてきたので、ここでは繰り返さない[22]。

それでは、日本の社会を危機から救うにはどうすればいいか。格差縮小と貧困の解消が急務だという社会的合意を形成し、政治のあり方を大きく転換する以外に方法はない。それはいかにして可能なのか。「女性＋弱者階級の男性」を基盤とし、新しいリベラルを掲げる政

図表7・5　格差に対する意識と支持政党の関係

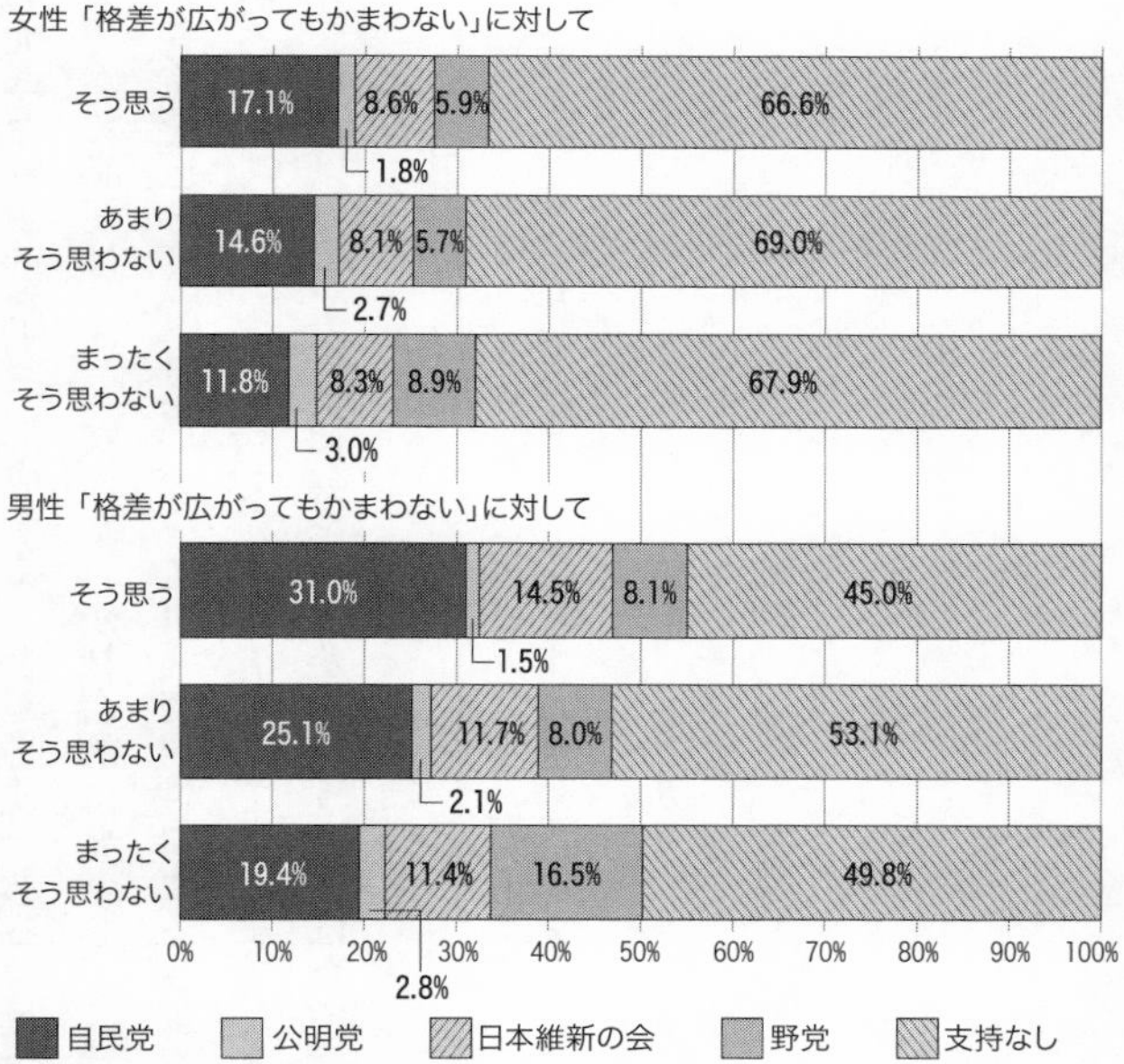

注）2022年三大都市圏調査データより算出。
χ^2乗検定では、いずれも0.1%水準で有意差が認められる。

治勢力を形成することによってである。第2章で詳しく紹介したマルクス主義フェミニズムによれば、女性はそれ自体が弱者の階級でもあった。だとすれば「女性+弱者階級の男性」の連合は、いわば弱者階級の総連合とみることもできる。

だから、あえていいたい。日本社会を危機から救うのは、格差と闘う女性たちである。彼女たちを中心にし、その周辺に弱者階級の男性たちが結集した、ひとつの大きな社会的な力を形成することが必要である。社会的な力といっても、はっきりした組織である必要はない。女性たちが社会的に発言し、政治に参加する機会を拡大して、緩やかな合意を広めていけばいい。これまで男性による支配を許し、社会的に無力で、政治から疎外されがちだった女性たちが有権者として政治に参加するようになれば、状況は変わるだろう。それ以外に、日本社会を危機から救う方法はない。

21 詳しくは、アドルノ『権威主義的パーソナリティ』を参照。
22 ぜひ、拙著『現代貧乏物語』『新・日本の階級社会』『アンダークラス２０３０』などを参照していただきたい。

参考文献

アドルノ、テオドール（田中義久・矢沢修次郎・小林修一訳）『権威主義的パーソナリティ』青木書店、一九九八年
石田浩「後期青年期と階層・労働市場」『教育社会学研究』第七六巻、二〇〇五年
ウエスト、ジャッキー（渡辺和子訳）「女性と性と階級」、アネット・クーン&アンマリー・ウォルプ編（上野千鶴子他訳）『マルクス主義フェミニズムの挑戦』勁草書房、一九八四年
上野千鶴子『家父長制と資本制』岩波書店、一九九〇年
上野千鶴子『女たちのサバイバル作戦』文藝春秋、二〇一三年
大沢真知子「女性労働」『日本労働研究雑誌』七一七号、二〇二〇年
大沢真理「現代日本社会と女性」、東京大学社会科学研究所編『現代日本社会6 問題の諸相』東京大学出版会、一九九二年
デルフィ、クリスティーヌ（井上たか子・加藤康子・杉藤雅子訳）『なにが女性の主要な敵なのか』勁草書房、一九九六年
小杉礼子編『自由の代償／フリーター』日本労働研究機構、二〇〇二年
小杉礼子『フリーターという生き方』勁草書房、二〇〇三年
佐藤香「学校から職業への移行とライフチャンス」、佐藤嘉倫・尾嶋史章編『現代の階層社会1格差の多様性』東京大学出版会、二〇一一年
太郎丸博編『フリーターとニートの社会学』世界思想社、二〇〇六年
太郎丸博『若年非正規雇用の社会学』大阪大学出版会、二〇〇九年
富永健一編『日本の階層構造』東京大学出版会、一九七九年
ハートマン、ハイジ「マルクス主義とフェミニズムの不幸な結婚」、サージェント、リディア編（田中かず子訳）『マルクス主義とフェミニズムの不幸な結婚』勁草書房、一九九一年

橋本健二『階級社会日本』青木書店、二〇〇一年
橋本健二「労働者階級はどこから来てどこへ行くのか」、石田浩・近藤博之・中尾啓子編『現代の階層社会２　階層と移動の構造』東京大学出版会、二〇一一年
橋本健二『新・日本の階級社会』講談社、二〇一八年
橋本健二『アンダークラス』筑摩書房、二〇一八年
部落解放・人権研究所編『排除される若者たち』解放出版社、二〇〇五年
マルクス、カール（岡崎次郎訳）『資本論第一巻』（『マルクス＝エンゲルス全集』二三ｂ巻）
森建資『雇用関係の生成』木鐸社、一九八八年
米田幸弘「自民党支持層の趨勢的変化」、石田淳編『２０１５年ＳＳＭ調査報告書８　意識Ｉ』２０１５年ＳＳＭ調査研究会
「男女間の賃金格差問題に関する研究会報告」厚生労働省、二〇〇二年

Andes, N., Social Class and Gender（「社会階級とジェンダー」）, *Gender and Society*, vol6., no.2, 1992.
Erikson, R. & Goldthorpe, J., *The Constant Flux*（『不断の流動』）, Oxford University Press.
Mann, M., A Crisis in Stratification Theory?（「階層理論の危機？」）, Crompton, R. & Mann, M.(eds.), *Gender and Stratification*, Polity Press, 1986.
Walby, S., *Theorizing Patriarchy*（『家父長制を理論化する』）, Blackwell, 1990.

PHP新書
PHP INTERFACE
https://www.php.co.jp/

橋本健二［はしもと・けんじ］

1959年、石川県生まれ。東京大学教育学部卒業。東京大学大学院博士課程修了。現在は早稲田大学人間科学学術院教授（社会学）。『新・日本の階級社会』（講談社現代新書）、『東京23区×格差と階級』（中公新書ラクレ）、『アンダークラス』（ちくま新書）など著書多数。

女性の階級

PHP新書 1394

二〇二四年四月二十六日　第一版第一刷

著者――橋本健二
発行者――永田貴之
発行所――株式会社PHP研究所
東京本部――〒135-8137 江東区豊洲5-6-52
ビジネス・教養出版部 ☎03-3520-9615（編集）
普及部 ☎03-3520-9630（販売）
京都本部――〒601-8411 京都市南区西九条北ノ内町11
組版――アイムデザイン株式会社
装幀者――芦澤泰偉＋明石すみれ
印刷所
製本所――図書印刷株式会社

ISBN978-4-569-85685-8

ＰＨＰ新書刊行にあたって

「繁栄を通じて平和と幸福を」(PEACE and HAPPINESS through PROSPERITY)の願いのもと、ＰＨＰ研究所が創設されて今年で五十周年を迎えます。その歩みは、日本人が先の戦争を乗り越え、並々ならぬ努力を続けて、今日の繁栄を築き上げてきた軌跡に重なります。

しかし、平和で豊かな生活を手にした現在、多くの日本人は、自分が何のために生きているのか、どのように生きていきたいのかを、見失いつつあるように思われます。そして、その間にも、日本国内や世界のみならず地球規模での大きな変化が日々生起し、解決すべき問題となって私たちのもとに押し寄せてきます。

このような時代に人生の確かな価値を見出し、生きる喜びに満ちあふれた社会を実現するために、いま何が求められているのでしょうか。それは、先達が培ってきた知恵を紡ぎ直すこと、その上で自分たち一人一人がおかれた現実と進むべき未来について丹念に考えていくこと以外にはありません。

その営みは、単なる知識に終わらない深い思索へ、そしてよく生きるための哲学への旅でもあります。弊所が創設五十周年を迎えましたのを機に、ＰＨＰ新書を創刊し、この新たな旅を読者と共に歩んでいきたいと思っています。多くの読者の共感と支援を心よりお願いいたします。

一九九六年十月

ＰＨＰ研究所